Dieses Buch ist mir gewidmet

Thomas

D1718988

Carpe diem

R | O

O | T

LOSO :)

BH ³22-09-18

Tilman Riemenschneider Verlag

Band 1801

Das Buch

Unser Leben wird durch permanente Veränderungen geprägt. Mensch und Technologie verschmelzen bald untrennbar zur TECHNO-RAUMZEIT.

Das birgt Chancen und Risiken für die Welt in der wir leben und natürlich auch für dich persönlich.

Wir Menschen neigen dazu, das Leben kompliziert zu machen. Sorgen und Ängste hindern uns daran, ein erfülltes Leben zu führen.

Dieses Buch will „dein roter Faden" sein. Es bietet dir Denkansätze und Überlegungen zu diversen Themen, um deine Zukunft noch erfolgreicher zu gestalten, in schwierigen Situationen den Überblick zu bewahren und stets deinen eigenen Weg zu gehen.

Also - Mach es einfach. Umgib dich mit Menschen deines Vertrauens und sei ab jetzt Gestalter deines Lebens; und das LEBENsLANG

... einfach glücklich sein!

Die Autoren

Michael May, Jahrgang ´57, kam, von guten Freunden angeregt, die Idee zu diesem Buch bei einer Bergtour. Bereits vorher, als Mitautor von Fachbüchern des Bank-Verlags, erkannte er: „Es wird endlich Zeit für mein erstes eigenes Buch". Warum nicht andere Menschen an seinen umfangreichen Erfahrungen als Vater, Berater, beruflicher Einzelkämpfer, Mitglied des Landesvorstands Hessen des VCD, Kreditmediator, langjähriger Geschäftsführer einer Genossenschaftsbank und Sportler teilhaben lassen? **Damit die Leser „Fehler" vermeiden können, die er schon gemacht hat!** So entwarf er diesen kleinen Streifzug durch die Welt, um jedem, der sein Leben verändern will oder muss, ein einfaches und nützliches Werkzeug an die Hand zu geben. Michael befasst sich seit vielen Jahren mit der Philosophie, menschlichem Verhalten und neuesten wissenschaftlichen Erkenntnissen. Aber NIE hat er das ehrfürchtige Staunen über die kleinen, unscheinbaren Dinge des Universums verloren, ohne die es uns Menschen gar nicht gäbe...

Frank Koschnitzke, Jahrgang `62, vielen besser bekannt als KOSCHI DER MUTMACHER gehört seit Jahrzehnten zu den Positivdenkern auf diesem Planeten – und das mit einer unglaublichen Beharrlichkeit. Sein Lebensmotto ist: **„Mach es EINFACH – und dann – MACH ES einfach!"** Er ist Lebenskünstler, Erfolgsautor mit seinem Buch „Das 8x8 des Lebens", Lifecoach, Managementberater, lizenzierter Trainer (LET) sowie seit 2012 MUTMACHER mega memory® Gedächtnistrainer und seit 2016 FYB-ACADEMY-LIZENZTRAINER für „Wege aus der STRESSFALLE!" Fast alle Tiefen und Höhen des „ganz normalen Lebens" hat er bereits gemeistert. In seinen Impulsvorträgen, Workshops und Seminaren vermittelt er mit Begeisterung die vielen Erfahrungen seines facettenreichen Lebens, angereichert durch Weisheiten von Persönlichkeiten aus aller Welt und Geschichten, die das Leben schreibt... So ist es nicht verwunderlich, dass er auf Michaels` Idee, gemeinsam ein Buch zu schreiben reagierte mit: „OK, sehr gerne - wir machen es EINFACH"

Tilman Riemenschneider Verlag

Gedruckt auf umweltfreundlichem,
chlorfrei gebleichtem Papier

1. Auflage Januar 2018
Originalausgabe

Printed in Germany – Druckpoint, Seesen

Literaturhinweise und Quellennachweise:
sind im Text beziffert, z.B. (08) (15)
und im Anhang ab Seite 181 aufgeführt

Illustrationen: Matthias Elger

Lektorat: Miriam Engel, Presseengel

Gesamtherstellung: KOSCHI & CO

Vertrieb: Zu beziehen über alle Buchhandlungen,
im Internet unter www.lebenslang.shop und
direkt beim TILMAN RIEMENSCHNEIDER VERLAG
in Osterode am Harz

ISBN 978-3-9801263-3-5

Inhalt

Vorwort

Wir Menschen sind schon merkwürdige Wesen. Wir sehen uns oft als Krone der Schöpfung und werden von vielen Emotionen geleitet, die uns Selbstzweifel und einen Mangel an Selbstvertrauen bringen. Dabei fürchten die meisten von uns Kritik wie die Pest. Oft neigen wir zu unsinnigen Vergleichen mit anderen Menschen, denen es scheinbar „besser" geht als uns. Viele Menschen versuchen, negative Geschehnisse und Gefühle aus ihrem Leben weitgehend zu verbannen. Das mag für „den Einen oder die Andere" eine durchaus sinnvolle und möglicherweise anfangs auch angenehme Vorgehensweise sein, doch dann holt einen diese Strategie irgendwann ein und aus der Verbannung folgt zwangsläufig die Auseinandersetzung mit dem Negativen. Wer sich hingegen auf die positiven Aspekte des Lebens konzentriert, erlangt auch positive Gefühle und Erfolg. Diese Menschen werden Erfolgssucher genannt und haben zumeist auch weniger Angst vor neuen Aufgaben und dem Verlassen der Komfortzone, in der alles sooo vertraut ist.

Selbstsabotage sorgt dafür, dass wir ein fast greifbares Ziel wieder aus den Augen verlieren. Dann ärgern wir uns erst recht, negative Gefühle rauschen heran und es beginnt ein unheilvoller, kräftezehrender Kreislauf. Dabei ist es leichter, von vornherein unser Bewusstsein und unsere Konzentration auf das Positive zu lenken.

Wir haben dieses Buch für dich geschrieben, damit dir das oben genannte möglichst nicht passieren soll, denn die wichtigste Person deines Lebens, an die sich dieses Buch richtet, bist du. Du darfst mit dir noch viele Jahre und Jahrzehnte zusammenleben. Tauschen kannst du dein Leben nicht, wenn es dir einmal nicht mehr gefallen sollte. Wohl aber kannst du ab sofort dafür sorgen, dass dein Leben genauso wird, wie du es haben möchtest! Es ist daher einfach klug und die beste Investition in dein Leben, wenn du bei deiner inneren Suche deine Bestimmung, deine Berufung erkennst, diese lebst und damit weißt, was dich wirklich antreibt.

Die Menschheit steuert direkt auf die TECHNO-RAUMZEIT zu und dies hat direkte Auswirkungen auf dein Leben. LEBENsLANG bringt dir einfache, zukunftssichere und wirklich funktionierende Übungen, Strategien und Techniken, die du sofort anwenden kannst, um „alle" deine Pro-bleme (1) zu meistern. Daraus folgt ein glückliches, erfülltes und erfolgreiches Leben; denn danach streben letztendlich „wir alle" auf diesem wundervollen Planeten.

Beim Lesen dieses Buches werden dir nach den Kapiteln kurze Fragen gestellt, die du so spontan wie möglich für dich ganz allein beantworten solltest, um wertvolle Impulse für deine Lebensstrategie zu gewinnen. Dafür ist entsprechend Platz im Buch vorhanden. Sollte dieser nicht ausreichen, fühl dich frei, Blätter in DEIN BUCH einzufügen.

So zeichnest du dir ein Bild von deiner eigenen Persönlichkeit, deinen Interessen und Vorlieben, aber auch deinen
Abneigungen, die zu einem erfüllten Leben einfach dazu
gehören. Wenn du deinen „Lebenszweck" kennst, fliegst
du sozusagen auf Autopilot hin zu einem selbstbestimm-
ten und erfolgreichen Leben. Nur das kann das Ziel sein!

Mit dem Zeitpunkt unserer Geburt stehen wir mitten auf
der Bühne unseres Lebens und sind ab sofort unser eigener

BÜHNE FREI!-FÜR MICH!

Hauptdarsteller, und das ein Leben lang. Da gibt es keine
Chance für eine Generalprobe. „Vergeigen" wir diese Vorstellung, gibt es keine Wiederholungsmöglichkeit. Deshalb
liebe dich und dein Leben und mach daraus ein wahres
Meisterstück!

Was bist du?

„Die Suche des Menschen nach Glück gleicht der Suche eines Betrunkenen nach seinem Haus, im unklaren Bewusstsein, eines zu haben."

*Voltaire, französischer Philosoph, *1694-1778†*

Stell dir vor, du stehst am frühen Morgen im Bad vor dem Spiegel und betrachtest dich. Welche Gedanken schießen dir bei der Ansicht deines Ebenbildes im Spiegel spontan durch den Kopf? Bin ich zu dick/dünn? Sehe ich wirklich gut aus? Fühle ich mich zu alt/jung? Wird heute ein guter Tag? Jeden Tag dasselbe? Bin ich mit mir zufrieden, so wie ich bin? Wäre ich am liebsten jemand anderes?

Was sind deine Gedanken, die dich morgens in der Frühe als Erstes begleiten? Hast du bemerkt, dass Du die Frage nicht objektiv, sondern mit einer Bewertung beantwortet hast?

Diese Bewertung ist das Pro-blem. Indem wir etwas bewerten, messen wir diesem Gedanken, dieser Sache oder Person einen Wert zu, der hoch oder niedrig sein kann. Wenn du morgens denken solltest: Ich wäre lieber jemand anderes - dann hast du keine gute Meinung über dich, obwohl das völliger Unsinn sein dürfte. Hast du dich instinktiv mit jemandem verglichen, der intelligenter oder schöner erscheint, ein größeres Auto, ein moderneres Smartphone oder anscheinend mehr Geld besitzt als du? Hast du dich darüber geärgert und willst diese Dinge auch? Dann gibst du Status und Aussehen anderer Menschen zu viel Aufmerksamkeit und leitest daraus einen vermeintlich niedrigeren, eigenen Wert ab.

Wenn du dich mit anderen Menschen vergleichst, kannst du nur verlieren! Denn irgendjemand ist immer schneller, schlauer, schöner, erfolgreicher oder wohlhabender als du.

Sicher gibt es auch Menschen, die dich beneiden oder sogar bewundern! Mag sein, dass du das gar nicht merkst? Überprüfe doch einmal die blinden Flecken deiner Wahrnehmung. Mehr dazu findest du im Internet unter dem Suchwort „Johari-Fenster".

Kommt dir folgende Begebenheit vielleicht bekannt vor?

Du gehst durch die Stadt und siehst einen Bekannten, der dich aber nicht beachtet und dein Tag ist gelaufen.

Meist sind wir viel zu sehr mit uns selbst beschäftigt. Wenn wir mal nicht beachtet werden, hat es nicht immer etwas mit uns, sondern oftmals mit dem anderen zu tun. Vielleicht wälzt dieser Bekannte gerade ein eigenes Pro-blem, hat Ärger im Job, Stress mit dem Partner etc.

Was es auch ist, es beschäftigt ihn intensiv und lenkt ihn ab. Sicher war es gar nicht seine Absicht, dich nicht zu beachten. Für den Gesichtsausdruck dieses Menschen gibt es viel mehr Erklärungen als deine eigene Bewertung. Es liegt daher allein an dir, ob du dir den Tag verderben lässt! Also verdirb ihn dir bitte nicht selbst!

Wahrscheinlich ist dir klar, was hier gemeint ist:

Du bist, was du beachtest!

Weil dir genau „diese Dinge" wichtig sind und keine anderen. Was du nicht beachtest, ist dir auch nichts wert und somit nicht wichtig. Eigentlich recht einfach.

Du siehst Dinge, Handlungen oder Personen, bewertest diese spontan und entwickelst so eher unabsichtlich deine eigene Persönlichkeit.

Du wirst das, was du beachtest! Oder anders gesagt: **„Mit dem, was du denkst, steuerst du dein Leben!"** Daraus resultiert: Ob du glaubst es geht oder du glaubst es geht nicht - in beiden Fällen hast du 100% Recht und niemand kann dich davon abbringen, außer du selbst!

Das ist die erste wichtige Erkenntnis.

Beantworte folgende Fragen:

1. Welche Gedanken gehen mir beim morgendlichen Blick in den Spiegel durch den Kopf?

2. Wer oder was ist mir wichtig und wen oder was beachte ich nicht?

_____

_____

_____

_____

_____

3. Was sind die Gründe dafür?

_____

_____

_____

_____

_____

Kampf und Demut

„Herr, gib mir die Gelassenheit,
Dinge hinzunehmen, die ich nicht
ändern kann, den Mut Dinge zu ändern,
die ich ändern kann, und die Weisheit,
das eine vom anderen zu
unterscheiden."

Reinhold Niebuhr, Theologe *1892-1972†

Nein, es geht hier nicht um irgendeine Religion, sondern darum, wie du lernst, Dinge zu erkennen, die du ändern kannst; und auf die du keinen Einfluss hast.

Reinhold Niebuhr will dir Mut machen. Dieses Bewusstsein schafft Gelassenheit, welche unumgänglich für dein glückliches Leben ist. Verändere dich und du bekommst eine andere Sichtweise auf die Welt, denn dein Einfluss darauf ist eher gering.

Es sei denn, dein Name ist Steve Jobs, Mark Zuckerberg oder du bist gar der Präsident der Vereinigten Staaten von

Amerika. Von diesen Menschen, die zumeist auch nur zur rechten Zeit mit dem richtigen Produkt oder einer bahnbrechenden Idee am richtigen Ort waren gibt es nur sehr wenige.

Gleichwohl kannst auch du die Welt verändern! Also sei mutig und entschlossen. Es gibt so viele Gelegenheiten und Chancen, du musst sie nur erkennen und ergreifen. Hört sich einfach an, oder?

Stell dir vor, du hast jemanden kennengelernt, den du sehr magst. Du kannst dir sogar vorstellen, mit dieser Person zusammen zu leben. Du traust dich aber nicht, sie anzusprechen. Aus Angst vor Zurückweisung, Gesichtsverlust oder der Häme von Freunden, wenn es schief geht. Dann hast du diese Chance verpasst. Natürlich könnte dich diese Person zurückweisen. Das wäre sicher sehr ärgerlich und für dein Selbstwertgefühl vielleicht gar nicht gut.

Aber so sind die Dinge. Du kannst die Zuneigung nicht erzwingen! Das wird sich niemals ändern, genauso wenig, wie auch andere deine Zuneigung nicht erzwin-

gen können. Es gibt keine Checkliste für den perfekten Partner oder die perfekte Partnerin.

Die Amerikaner kennen die angeblich schönste und begehrenswerteste Person, die „perfekte 10" auf einer Skala von 0 bis 10. Stell´ dir vor: Ein Mann beklagte sich einmal über die Ablehnung durch seine Auserwählte, bis ihm eine Freundin sagte, er sei ein 8er, der nach 9ern suche und von 7ern begehrt werden würde. Nur gut, dass Schönheit im Auge des Betrachters liegt und somit subjektiv ist.

Wir nehmen hier Einstufungen der Persönlichkeiten vor. Es handelt sich aber stets um deine individuelle Betrachtung, wofür selbstverständlich nur dein eigener Maßstab gilt. Was die einen schön finden, fällt bei den anderen durch. Gott sei Dank. "Up jeden Topp passet en Deckel", hat eine weise Frau einmal gesagt.

Du kannst dich also ärgern, wenn du abgelehnt wirst oder du nimmst dies in Demut hin. Leider ist Demut heute ein negativ besetztes Wort.

„Niemand" will demütig sein. Dabei bedeutet es doch nur, mit Gleichmut die Dinge hinzunehmen, die du sowieso nicht ändern kannst. Wichtig ist es, trotzdem den Mut nicht zu verlieren. Das ist ein Geheimnis des Erfolges: Lass dich von Rückschlägen nicht unterkriegen und wage immer wieder einen neuen Anlauf. Einen wundervollen Merksatz dazu findest du hier:

*Hinfallen ist nicht schlimm,
aber liegen bleiben.*

Corrie ten Boom, niederländische Autorin

Noch viel besser! Du kannst dich sogar perfekt körperlich und mental darauf einstellen, zu jeder Zeit dein Bestes zu geben.

Denke dabei immer an dein Ziel, z. B. deinen Wunschpartner m/w oder eine Prüfung und sage dir dabei immer wieder: „Ich schaffe es, ich schaffe es..." – lass davon nicht ab, tue dies morgens nach dem Aufstehen und beim Zähneputzen, danach beim Anziehen, beim Frühstück, mittags, abends und natürlich auch kurz vor dem Einschlafen.

Falls Du trotzdem wieder in Selbstzweifel fällst, dann visualisiere dein Ziel bis ins kleinste Detail. Male deine inneren Bilder aus. Dein Unterbewusstsein sorgt für den Rest!

Vermeide negative Gedanken, die dir suggerieren, dass du es nicht schaffen wirst.

Beantworte folgende Fragen:

4. Wie gehe ich mit Ablehnung um?

_____

_____

_____

_____

_____

5. Wie lange kreist „das" dann in meinem Kopf herum?

_____

_____

_____

_____

_____

Moderne Zeiten

Menschen mit der Motivationsstruktur und intellektuellen Kapazität eines altsteinzeitlichen Jägers und Sammlers steuern heute Düsenflugzeuge.

Irenäus Eibl-Eibesfeldt, Verhaltensforscher, *15.06.1928

Würde ein Mensch des Mittelalters mit einer Zeitmaschine in die heutige Zeit katapultiert, dann käme dieser aus dem Staunen nicht mehr heraus. Wahrscheinlich hielte er uns für Zauberer oder gar Götter, die all´ die wunderbaren Dinge wie Essen und Trinken im Überfluss, Toiletten, Heizung, Fernsehen, Antibiotika, Computer, Autos, Hochhäuser, Flugzeuge oder riesige Schiffe geschaffen haben.

Auch würde er sich wundern, wie viele alte und gleichzeitig wenig junge Menschen hier zu sehen sind. Sicher würde er auch fragen, wie die Menschen denn so arbeiten. Fabriken kennt er ja noch nicht und so etwas wie eine Krankenversicherung würde er bestimmt in hohem Maße ungewöhnlich finden. Trotz allem käme ihm diese Welt wie das Schlaraffenland vor, von dem er immer geträumt hat.

Würde ihm jemand sagen, dass sich Menschen heute um ihre Arbeitsplätze und persönliche Zukunft sorgen, könnte er das kaum verstehen. Sicher würde er meinen, wir sollten doch froh sein, all diese tollen Maschinen zu haben, die uns das Leben so viel leichter machen, um die freie Zeit einfach besser zu nutzen. Das Leben unseres Zeitreisenden aus dem Mittelalter war schließlich sehr hart, manchmal richtig brutal, zumeist entbehrungsreich und vor allem kurz.

Wir sind wieder „zurück in der Zukunft" und fragen uns: „Welche neuen Berufe könnte es in der Zukunft geben?"

Digitaler Entgifter: Jemand, der bei Technologiesüchtigen für analoge Enthaltsamkeit sorgt

Digitaler Bestatter: Fachmann/-frau für die forensische Löschung aller Daten von Verstorbenen im Internet

Privatheitsberater: Jemand, der sicherstellt, dass Privates auch wirklich privat bleibt

Videokonferenzberater "Webinator": Eine Person, die uns über sehr wichtige Videokonferenzen, etwa Video-Bewerbungsgespräche informiert und bestens darauf vorbereitet

Selbstorganisationsberater: Ein echter Spezialist und ein Kummerkasten für alle diejenigen, die als Solo-Selbständige Gefahr laufen, sich zu verzetteln

Urbaner Gärtner: Jemand mit einem „grünen Daumen" und biologischen Kenntnissen, der in Großstädten Grünanlagen und Bepflanzungen auf kleinstem Raum, wie etwa auf Dächern von Supermärkten oder ungenutzten Flächen anlegt

Drohnenpilot: Jemand, der von Landwirten zur effektiven Überprüfung von Reife und Düngung großer Flächen benötigt wird (2)

Es wird weitere neue Berufe geben wie auch alte nahezu aussterben werden. Ganz viele Berufstätige müssen sich im Rahmen neuer Technologien und der Erfassung aller Daten und Vorgänge genau definierten Prozessen unterwerfen und geraten dadurch oft in Dauerstress.

Wie du diesem entrinnen kannst, bzw. ihn gar nicht erst aufkommen lässt, erfährst du im Kapitel „Ruhe im Tagesrennen" weiter hinten in diesem Buch.

Jetzt wird es spannend, denn erstmalig in der neueren Geschichte unserer Welt greifen Algorithmen in unser Leben ein. Ein Algorithmus ist eine Folge von Befehlen, mit denen ein Problem gelöst werden soll.

Stelle dir doch einfach eine große Ampelkreuzung vor: Hier regelt er die Schaltung der diversen Ampeln. Ohne Algorithmen wären Organisationen wie z. B. Google, Amazon und Facebook nicht möglich.

Im Jahr 2014 hat der Wagniskapitalgeber *Deep Knowledge Ventures* eine „Person" namens *Vital* in den Vorstand berufen: einen nicht menschlichen Algorithmus. Mittlerweile fließen alle zwei Tage etwa fünf Exabytes an Informationen durch das Internet, Tendenz steigend. Ein Exabyte sind eine Trillion (10^{18}) Bytes, das ist eine praktisch unvorstellbare Zahl.

Algorithmen sind in der Lage, die „Big Data" genannten Riesenmengen an Informationen auszuwerten, zu kanalisieren, zu bündeln und daraus konkrete Handlungsvorschläge für ihre Anwender zu entwickeln. Apps (kleine Programme) aller Art sollen helfen, unser Leben einfacher und gesünder zu gestalten.

Natürlich sammeln sie dabei immer mehr Daten, um noch genauere Informationen über die „Nutzer" zu erhalten. Leistungsstarke Computersysteme wie Watson von IBM empfehlen Krebstherapien allein aus der Sichtung von Millionen Befunden, was einen Arzt heillos überfordern würde. Selbst Herzinfarkte können von künstlichen Intelligenzen durch die Auswertung gigantischer Datensätze prognostiziert werden.

Die Polizei in den USA nutzt bereits intelligente Software, die vorhersagt, wo und wann die nächsten Verbrechen stattfinden sollen. Na dann – herzlich willkommen in unserer „schönen", neuen Welt.

Ob du willst oder nicht – du wirst in dieser Zukunft leben und etwas erleben, was es noch nie auf dieser Erde gab – ein sehr treffender Begriff dafür wäre TECHNO-RAUMZEIT. (unser nächstes Buch – sei gespannt...)

Bisher war Technologie nur unser Werkzeug. Ein Werkzeug kannst du nutzen und wieder weglegen. Zukünftig wird die Technologie aber entscheidende Auswirkungen auf unser Leben haben und sehr wahrscheinlich Dimensionen erreichen, die wir uns heute kaum vorstellen können.

Wenn „wir" menschliche Roboter und Künstliche Intelligenz (KI) erschaffen, dann werden wir irgendwann an einem Punkt angelangen, den *Ray Kurzweil* im Jahr 2045 sieht. *Ray Kurzweil* forscht bei Google hinsichtlich Künstlicher Intelligenz und meint, dass 2045 der Punkt der „Singularität" erreicht werde. Die Rechenleistung aller Computer zieht gleich mit der aller menschlichen Gehirne. (3)

Spätestens an diesem Punkt verschmelzen unser Raum, unser Leben und unsere Zeit zur TECHNO-RAUMZEIT, die unsichtbar, aber immerwährend und allumfassend in uns, in unseren Gedanken und um uns herum existiert.

Wir können uns dieser Technologie gar nicht mehr entledigen, weil wir untrennbar mit ihr verbunden sein werden.

Wir sind mit ihr quasi in guten wie in schlechten Tagen vereint. Natürlich kann heute niemand sagen, wohin die Entwicklung wirklich geht. Auf jeden Fall wirst du ein Teil dieser atemberaubenden Dinge sein.

Beantworte folgende Fragen:

6.   Die TECHNO-RAUMZEIT - eine Chance oder macht sie mir Angst?

7. Wenn sie mir Angst macht, warum?

8. Wieviel Zeit verbringe ich mit Social Media (Facebook, Twitter, WhatsApp und Co.)? Bereitet mir das viel Freude oder tue ich das, weil es die anderen auch tun oder von mir erwarten?

Was wollen wir sein?

„Wir erleben eine Zeitenwende", sagt Faggin. „Konzerne wie Google oder Facebook sind nichts anderes als eine Aneinanderreihung von Mikroprozessoren; der Mensch wird zur Randfigur."

Frederico Faggin, Schöpfer des ersten serienreifen Mikrochips, SPIEGEL 10/2010

Wo bleiben wir Menschen, wenn die Technik immer tiefer in unser Leben eindringt? Nutzen wir die neuen Techniken und werden dadurch leistungsfähiger? Oder kommt es zum Gegenteil, der Degeneration, weil wir uns ja nicht mehr anstrengen müssen?

Im *SPIEGEL* 10/2012 erschien ein Artikel: „Hertz ist Trumpf", der sich mit dem Einfluss der erst vor wenigen Jahrzehnten erfundenen Mikroprozessoren befasste. Eine

Kernaussage darin war unter anderem die Vermutung, dass durch den Einsatz immer schnellerer und effektiverer Techniken der Mensch nur noch zur Randfigur werde.

Weiterhin wird in dem Artikel *Martin Ford*, der amerikanische Computerwissenschaftler erwähnt. Er behauptet, Computer seien irgendwann einmal so leistungsfähig, dass sie keinen oder kaum noch Menschen bräuchten. Laut seinem Buch „The Lights in the Tunnel" (Die Lichter im Tunnel) hält Ford eine Arbeitslosigkeit von 75 Prozent im Laufe dieses Jahrhunderts durchaus für möglich.

Wenn lediglich Arbeit als Hauptmerkmal positiver Selbstwahrnehmung definiert wird, entstehen schnell negative, zerstörerische Auswirkungen auf Körper, Seele und Geist der Betroffenen ohne Tätigkeit.

Daraus resultieren massive gesellschaftliche Verwerfungen und Konflikte. Laut unterschiedlichen Schätzungen könnten bis zum Jahr 2025 weltweit bis zu 140 Millionen Menschen ihre hochwertigen „Jobs" etwa als Juristen oder Software-entwickler an Künstliche Intelligenzen verlieren.

Das Internet wird die Gesellschaft noch viel stärker verändern als bisher angenommen. Hochschulen könnten etwa darüber nachdenken, sich von teuren Gebäuden und Lehrkräften zu trennen. Warum hundert oder mehr Studenten in Säle pferchen, wenn diese ohne großen Aufwand online an fast allen Kursen teilnehmen können?

Ein einziger Dozent ist in der Lage, mehrere tausend Studenten überall auf der Welt zu unterrichten. Schon heute können wir kostenlose Online Kurse, sogenannte *MOOCS (Massive Open Online Courses)*, von weltbekannten Universitäten wie Harvard, MIT, Stanford, Berkeley und etlichen anderen einfach im Internet unter www.edx.org belegen. Fachwissen wird so zu einer recht leicht handel- und austauschbaren Ware.

Manche Wissenschaftler erklären sogar die Globalisierung für beendet. Durch den 3D-Druck würde der grenzüberschreitende Handel nicht mehr im bisherigen Maß benötigt, da die Produkte im eigenen Land „just in time" hergestellt werden könnten. Das Einzige, was noch grenzüberschreitend in Sekunden fließe, seien die virtuellen Daten des Produkts. Wir stehen daher vor ungeahnten Veränderungen der Weltwirtschaft. Gewinner oder Verlierer sind noch nicht ausgemacht.

Beantworte folgende Fragen:

9.   Welche Bedeutung hat „Anerkennung im Berufsleben" für mich?

10. Über welches besondere Wissen oder Fähigkeiten verfüge ich aktuell?

_____

_____

_____

_____

_____

11. Gibt es etwas, was ich schon immer lernen wollte?

_____

_____

_____

_____

_____

Die große Verunsicherung

Aus einem verzagten Arsch
fährt nie ein fröhlicher Furz

Martin Luther, Begründer der Reformation,
*10.11.1483 - †18.11.1546

Hallo, kannst du dich auch manchmal nicht entscheiden? Gibt es vielleicht zu viele Möglichkeiten? Widersprechen sich deine Informationen über manche Dinge teilweise? Sei versichert, das ist absolut menschlich und kein Grund zur Sorge, denn eins ist klar:

Letztendlich wollen Alle stets nur „dein Bestes": Deine Stimme bei Wahlen oder gar dein Geld. Irgendwie hast du das Gefühl, dass du für jeden, der vermeintlich ausschließlich Gutes für dich will, nur der Goldesel bist; ein Erfüllungsgehilfe für fremde Bedürfnisse, und nicht für deine eigenen. Sicher willst du doch aber Schöpfer deines Lebens sein.

Stelle dir daher die richtigen Fragen für die wichtigste Person in deinem Leben – für dich selbst!

Aus den Antworten kannst du dann auch zu den richtigen Schlussfolgerungen zu gelangen.

Wenn du eine Frage nicht sofort beantworten kannst, dann denke darüber nach und beantworte sie gerne zu einem späteren Zeitpunkt.

Erstelle eine Aufzählung, wenn es mehr als eine Antwort gibt. Beantworte folgende Fragen:

12. Was sind meine Schwächen?

13. Was sind meine Stärken?

_____

_____

_____

_____

_____

14. Was sind meine Abneigungen?

_____

_____

_____

_____

_____

15. Was sind meine Vorlieben?

Wer sich selbst kennt, seine Stärken und Schwächen, seine Vorlieben und Abneigungen, der gibt sich selbst die Chance, die eigene Zukunft aktiv zu gestalten! Dabei gilt der allgemeine Grundsatz aus der Managementlehre:

*Baue deine Stärken aus,
denn es wird dir kaum
gelingen, eine Schwäche in
eine Stärke zu verwandeln!
Versuche jedoch, deine
Schwächen abzumildern.*

Sinnvoll ist es, das von dir selbst erstellte Bild der Wahrnehmung deiner Person mit der anderer abzustimmen.

Sprich mit Menschen, die dir nahestehen, ihre Meinung auch offen sagen, dir ehrlich helfen wollen und Vertrauliches auch wirklich vertraulich behandeln. Das hört sich einfach an, doch es benötigt Größe und eine Portion Unerschrockenheit, Urteile anderer über sich ergehen zu lassen. Schon die Suche nach solchen Freunden, engen Bekannten oder Familienmitgliedern kann zu ungeahnten Ergebnissen führen. Prüfe in jedem Fall, ob dein Selbstbild mit dem Fremdbild übereinstimmt oder ob es deutliche Abweichungen gibt.

Beantworte folgende Fragen:

16. Welche Unterschiede ergeben sich aus dem Abgleich von meinem Eigen- und Fremdbild?

17. Gibt es Ergebnisse, die ich nicht erwartet habe? Wenn ja, welche?

Mache nur einen Plan

„Wie töricht ist es, Pläne für das ganze Leben zu machen, da wir doch nicht einmal Herren des morgigen Tages sind."

Seneca, römischer Philosoph vor 2.000 Jahren

Glaubst du, dass deine Rente sicher ist? Gibt es in zehn Jahren noch Kassierer im Supermarkt? Kannst du im Jahr 2030 überhaupt noch mit Bargeld bezahlen? Hast du eine Vorstellung oder Ahnung, wie du die nächsten Jahre verbringen wirst?

Oft können Menschen wenig Einfluss auf die Abläufe nehmen und sind ein kleiner werdender Baustein im Bemühen der Unternehmen um mehr Flexibilität bei gleichzeitiger Fehlerintoleranz.

Folglich wird es zukünftig viel mehr „Einzelkämpfer" geben, die sich einfach in Netzwerken zusammenschließen, was hohe Anforderungen an die persönliche Selbstorganisation mit sich bringt.

Die klassische Karriere mit 20, 30 oder mehr Jahren bei nur einem Arbeitgeber wird mit Sicherheit zum Auslaufmodell werden, da neue Technologien menschliche Arbeit nachhaltig ersetzen werden. Menschen, die einfach flexibel sind, werden diese Herausforderung leichter meistern, soviel ist sicher!

Einen individuellen Plan für das eigene Leben zu entwickeln ist wahrlich die Königsdisziplin. Denn es geht ja nicht nur um Monate oder Jahre, sondern um viele Jahrzehnte. Also sollten wir mal über die Möglichkeit des Scheiterns reden, da diese bei einem so langen Zeitraum unbedingt dazu gehört.

So ist es nicht verwunderlich, dass erst durch Rückschläge viele Menschen privat oder beruflich erfolgreich geworden sind, wie Studien über gescheitere Unternehmensgründer in den USA zeigen. Kreative Menschen hatten erst dann Erfolg, wenn sie zuvor gescheitert waren. Dazu mussten sich diese Gründer einem schmerzhaften Erkenntnisprozess unterwerfen, der vereinfacht dargestellt aus drei Stufen besteht:

1. War ich selbst das Problem?

2. Welche Fehler haben zum Scheitern geführt?

3. Was würde ich heute anders (besser) machen?

Scheitern ist besonders in Deutschland verpönt und wird schamhaft verschwiegen. Wer will denn schon ein „Verlierer" sein?

Dabei dürfte es zukünftig schwerer werden, zu den Gewinnern zu zählen, denn das menschliche Wissen explodiert geradezu. Kein Experte kann die Facetten seines eigenen Fachbereiches heute noch wirklich überblicken. Wir wissen nicht, wie die Welt in zehn Jahren aussieht und werden doch aufgefordert, einen Plan für das eigene Leben zu entwickeln? Ein Widerspruch? Sicher nicht, am besten konzentrierst du dich auf das Wesentliche!

Beantworte folgende Fragen:

18. Wie sieht mein Plan für das nächste Jahr aus?

19. Wo sehe ich mich in 5 Jahren?

Lasst sie spielen!

*Kinder sind kleine Wesen,
die sich nicht so benehmen
dürfen wie ihre Eltern im
gleichen Alter*

Deutsches Sprichwort – Autor unbekannt

Kinder, die heute in Deutschland geboren werden, haben eine durchschnittliche Lebenserwartung von 90 bis 100 Jahren. Das bedeutet, dass viele dieser Kinder, ob Junge oder Mädchen, gute Chancen haben, über das Jahr 2100 hinaus zu leben!

Sie werden massiven technischen und medizinischen Fortschritt erleben, deren Folgen kaum absehbar sind. Könnte es modern werden, das eigene Kind zukünftig genetisch designen zu lassen? Entwickeln sich die neuen technischen Möglichkeiten in der Konsequenz zu einer Art „Super Big Brother", einem allumfassenden Überwachungssystem von Unternehmen und Staaten, dem wir kaum entfliehen können? Erste Tendenzen dazu zeichnen sich deutlich ab.

Kinder sollen die von Eltern und Gesellschaft in sie projizierten Wünsche erfüllen. Damit könnten sie überfordert werden.

Ziel einer kindlichen Entwicklung sollte sein, Kinder in die Lage zu versetzen, neben der erforderlichen Bildung ein gesundes Selbstbewusstsein und Resilienz, also Widerstandskraft gegen die negativen Einflüsse des Lebens, zu entwickeln.

Zwei Dinge sollen Kinder von ihren Eltern bekommen: Wurzeln und Flügel!

Johann Wolfgang von Goethe, großer dt. Dichter, Biologe, Jurist, Geologe, Geheimrat, Minister etc., 28.8.1749-22.3.1832

Hinzu kommt die Erziehung zur Eigenverantwortlichkeit und zur Fähigkeit, mit seinen Mitmenschen fürsorglich und mitfühlend umzugehen. Insbesondere gilt dies für den Umgang mit Kranken und Menschen mit Einschränkungen. Eltern haben sich vielfach in die Rolle von „Glucken" begeben, die ihr Kind niemals alleine lassen, ständig umsorgen und alle Hindernisse beseitigen. Sie meinen es gut, erreichen aber genau das Gegenteil.

Früher (wenn wir mal so an „unsere Jugend" denken) waren wir Kinder den ganzen Tag draußen und haben „unsere

Welt" entdeckt und uns natürlich auch so manche Blessuren geholt, doch wir haben dabei für das Leben gelernt.

Heute ist das anders, denn die Zeit der Kinder ist oft komplett verplant. Ein Termin jagt den nächsten…

Am besten, sie lernen mit drei Jahren bereits eine weitere Sprache, ein Musikinstrument und eine Sportart. Dabei fällt mir ein: „Wusstest du, dass selbst der berühmte *Albert Einstein* erst im Alter von drei Jahren angefangen hat zu sprechen?" Hat sich doch noch prächtig entwickelt der Mann, oder?!?

Wie oft hören wir die Menschen sagen: „Ich will ja schließlich nur das Beste für mein Kind."

Da Kinder möglichst von negativen Gefühlen fern gehalten werden sollen, lernen diese auch nicht, mit solchen Gefühlen umzugehen. Das Erwachen im „wahren" Leben könnte dann umso schmerzhafter ausfallen.

Sehr treffend definierte es *David Gelernter* in dem E-Book „Internetgefasel": „Wenn wir unseren Kindern nicht beibringen auch mal allein zu sein, dann werden sie nur wissen wie es ist, einsam zu sein". Das ist eine von namhaften Wissenschaftlern diskutierte Erkenntnis.

Kinder haben kaum noch Zeit für sich selbst, sondern sollen so funktionieren wie es den Eltern gefällt. Sie dürfen nicht mehr einfach spielen um des Spielens willen. Sie dürfen nicht in sich selbst versinken, die Welt um sich herum vergessen und glücklich sein, bei dem, was sie gerade tun.

Dabei bringt gerade dieses spielerische TUN bis zu einem bestimmten Alter mehr für die Entwicklung und Kreativität des Kindes, als durchgetaktete Tages- und Schulungspläne, wobei der Takt vom Arbeits- und Lebensrhythmus der Eltern bestimmt wird.

Eines sollte klar sein: Wer sich zur Elternschaft entschließt, dem sollten die möglichen Konsequenzen bewusst sein. Erziehung kann sowohl weniger eigene Freizeit, als auch persönlichen Verzicht oder sogar beides bedeuten. Manche Menschen sagen: „Heute kann man sich finanziell keine Kinder leisten!"

Konnte man das im Dreißigjährigen Krieg oder den beiden Weltkriegen? Wir können uns Kinder nahezu immer „leisten", sind aber möglicherweise nicht dazu bereit, die Folgen zu tragen. Dabei hätten wir doch die Möglichkeit all das besser zu machen, was vielleicht in unserer eigenen Erziehung vermeintlich schief gelaufen ist.

Ist es nicht schade, dass heute viele Kinder die Natur nicht mehr kennenlernen, nicht wissen, wie man den kleinen Bach nahe am Wald mit ein paar Steinen und losem Holz aufstaut. Dabei lernen die Kinder doch spielerisch, wie man eine Aufgabe löst und zusammenarbeitet. Auch wenn sie nasse Füße bekommen und die Kleidung dabei dreckig wird, der Spaß ist bestimmt riesengroß.

Ist es nicht erschreckend, dass viele Kleinkinder schon perfekt Spielkonsolen beherrschen, sich aber noch nicht selbst die Schuhe schnüren können? In Großstädten denken nicht wenige Kinder, Kühe seien lila.

Aktuelle Ergebnisse der Hirnforschung zeigen klar auf, dass es besser ist, Kinder nicht zu früh mit Computern spielen zu lassen. „Echte Spiele", also alle Dinge die man ohne Computer mit allen Sinnen erfahren kann, bringen einfach mehr Freude ins Leben! (4)

Wenn aus Kindern eigenverantwortliche erwachsene Menschen werden sollen, dann müssen sie mit Herausforderungen klar kommen, an diesen wachsen und aus der Bewältigung dann Befriedigung schöpfen.

Kinder müssen auch lernen, mit Frust und Langeweile umzugehen. Eltern sollten Kinder ermutigen, ihren eigenen, vielleicht auch mal „falschen" Weg zu gehen. Da Kinder aber abschauen, was ihre Eltern machen, ist das Vorleben von Regeln und Maßstäben die beste Möglichkeit, im wahrsten Sinne des Wortes ein Vorbild zu sein.

„Ein Bild sagt mehr als 1000 Worte, ein Vorbild sagt mehr als 1000 Bilder", wie *Silvester Graf*, ein kluger Mann und Self-Made-Millionär zu sagen pflegt.

Natürlich kannst du die Dinge anders sehen! Es gibt sicher auch keinen Königsweg. Jedoch wissen wir schon aus dem Sport oder der Musikerziehung, dass bestimmte Qualitäten neben dem Talent wichtig sind:

- Freude an dieser Tätigkeit
- ständiges Üben
- eine gewisse Disziplin
- ausreichende Belastbarkeit
- und letztendlich Gelassenheit

Dies zu vermitteln ist die wirkliche Aufgabe der Eltern, auch bei den weniger freudigen Dingen, soviel ist sicher.

Beantworte folgende Fragen:

20. Brauchen Kinder mehr Spielraum (im wahrsten Sinn des Wortes), damit sie ihre Stärken und Schwächen selbst erkennen?

21. Was hat mir an meiner Kindheit gefallen und was eher nicht?

22. Was mache ich bei meinen Kindern anders als meine Eltern bei mir und warum?

Alle Macht den Drogen

„Gemütseigenschaften wie Freude, Trauer, Liebe, Hoffnung, Intuition, Wünsche, Träume sind an Moleküle gebunden"

Psychologe und Arzt Josef Zehentbauer

Nein, ich werde dich jetzt nicht auffordern, verbotene Substanzen zu dir zu nehmen. Aktuelle Erkenntnisse aus der Neurologie und der Biochemie sind jedoch sehr ermutigend in Hinblick auf die Nutzung der körpereigenen, natürlichen Drogen.

Wir haben es nämlich selbst in der Hand, den Körper und durchaus auch unseren Geist mit geeigneter Ernährung und entsprechend unserer biologischen Konditionierung auf Vordermann zu bringen.

Unser Gehirn ist erstaunlich plastisch und Gehirne jeden Alters sind in der Lage, neue Nerven- und Hirnzellen auszubilden, was man bis vor wenigen Jahren für absolut ausgeschlossen hielt.

Daraus ergibt sich, dass wir den Spaß daran entwickeln sollten, lebenslang zu lernen! Ein besseres Mittel gegen Demenz und Vergesslichkeit ist kaum vorstellbar.

Na gut, das hört sich jetzt aufwendig an, hat aber durchaus positive Auswirkungen auf unsere Lebenserwartung und steigert die Dosis der Droge „Glückshormone (Endorphine)" in unserem Körper. Vor allem ist es so einfach!

Aber Achtung – hier kommt wieder einmal die erste wichtige Erkenntnis, also der wichtigste Satz aus dem zweiten Absatz auf Seite 22 dieses Buches zum Tragen! Kannst du dich noch an ihn erinnern?

Wenn nicht, dann lese nach, denn dieser Merksatz wird dich nicht nur durch dieses Buch, sondern dein gesamtes weiteres Leben begleiten!

Einverstanden? Prima, das ist gut, dann freu dich einfach schon jetzt auf das, was noch so kommt!

Ein Beispiel?! Ok, sei´s drum, wir lernen jetzt mal eben innerhalb 40 Sekunden eine 21-stellige Zahl auswendig! Ja, du hast richtig gehört, 21 Zahlen in nicht mal einer Minute! Das klingt spannend, oder?!?

Hier ist die „Zahl":

$$1 \quad 2 \quad 4 \quad 7 \quad 4$$

$$5 \quad 2 \quad 3 \quad 6 \quad 5$$

$$9 \quad 6 \quad 3 \quad 6 \quad 6$$

$$3 \quad 1 \quad 3 \quad 0 \quad 2 \quad 8$$

Also, nun hast du 40 Sekunden Zeit, dir diese Zahlen einzu-
prägen, dann schließe das Buch und wiederhole alle Zahlen
ohne nachzuschauen, auf geht´s... **Fange jetzt an und lese
erst danach weiter!**

Sicher hast du die Erfahrung gemacht, dass das nicht wirklich funktioniert. Wieviel hast du geschafft? 5 bis 10 Zahlen
ist ganz normal! Sei beruhigt, mir ging es beim ersten Mal
ganz genauso.

Es fehlt nämlich etwas ganz Entscheidendes. Um dir wirklich 21 Zahlen (oder noch viel mehr) in 40 Sekunden merken zu können, empfehle ich dir, die so genannte Mnemo-
Technik (12) anzuwenden.

Diese Technik gibt es schon seit vielen tausend Jahren. Hier
im Buch erfährst du mehr darüber im Kapitel „Den Kopf
benutzen".

Nur so viel, es geht um Denken in Bildern und genau das brauchen wir, um ganz schnell auf die Lösung unserer kleinen Denksportaufgabe zu kommen. Hier ist das Bild für unsere 21 Zahlen:

$$1 \quad 24 \quad 7 \quad 4$$

$$52 \quad 365$$

$$96 \quad 366$$

$$31 \quad 30 \quad 28$$

Als Text formuliert würde das Bild lauten wie folgt:

- 1 Tag hat 24 Stunden, 7 Tage hat die Woche, 4 Wochen hat der Monat
- 52 Wochen hat das Jahr, das sind 365 Tage nur im Jahr
- ´96 nicht, das war ein Schaltjahr und hatte 366 Tage
- Mancher Monat hat 31, mancher 30 und jeder 28 Tage!

Präge dir jetzt 40 Sekunden dieses Bild ein und sage es danach auf, ohne nochmal hinzuschauen. Ich wette, dass du dir deutlich mehr Zahlen in der gleichen Zeit merken konntest, wie vorher, stimmt´s?

Das war nur ein kleines Beispiel, zu welch genialen Dingen du fähig bist. Wenn du mehr darüber erfahren willst, dann findest du das im Quellennachweis am Ende dieses Buches. (1) (12)

Mittlerweile hat die Wissenschaft viel über die Funktionsweise des Gehirns herausgefunden, auch wenn diese erst an der Oberfläche kratzt. Es benötigt auf jeden Fall sehr viel Sauerstoff. Obwohl es nur ca. zwei Prozent unseres Körpergewichts ausmacht, bedarf es ungefähr 20 Prozent des gesamten Energieumsatzes. Ein Erwachsener verbraucht dabei ungefähr 70 – 120 Gramm Glukose pro Tag. (5)

Als drittes wird viel Wasser für die Energieproduktion benötigt. Dass der Körper zu ca. 70 Prozent aus Wasser besteht, weißt du ja sicher schon. Das Trinken desselben hat also in mehrfacher Hinsicht positive Auswir-  kungen auf den gesamten Körper und ganz viele Menschen trinken einfach zu wenig, bitte gehöre nicht dazu.

Da die Hirnchemie sehr komplex ist und weder du noch ich Biochemiker sind, sollen hier nur einige wichtige Aspekte kurz beleuchtet werden.

Für die Übermittlung von Informationen und die Speicherung derselben gibt es zahlreiche, unterschiedlichste Botenstoffe im Gehirn und im ganzen Körper.

Die wichtigste Botschaft lautet:

Fast jeder ist selbst in der Lage, diese körpereigenen Botenstoffe und Drogen zu aktivieren. (5)

Aktuelle Studien weisen darauf hin, dass allein durch mütterliche Fürsorge die Entwicklung von Kindern sehr positiv beeinflusst wird. Das Max-Planck-Institut hat eine Studie veröffentlicht, die sich mit den Auswirkungen von Mütterlicher Fürsorge auf die Gehirnchemie beschäftigt hat.

Gemeinsam mit weiteren Forschern wurde das Neuropeptid Y (NPY - ist ein aus 36 Aminosäuren bestehender Botenstoff (6)) untersucht. Die Ergebnisse waren ziemlich eindeutig: Mütterliche Fürsorge regt bei Babys die Bildung von NPY an und dieses wiederum sorgt in der Zukunft für Kinder, die Stress besser bewältigen können. Das Angstverhalten soll nicht so ausgeprägt sein. Sogar die Regulation des Körpergewichts soll positiv beeinflusst werden. Die Mutter ist anscheinend die wichtigste aller Bezugspersonen von Kindern. (6)

Das Hormon Oxytocin, auch „Kuschelhormon" genannt, verbessert das emotionale Einfühlungsvermögen. Man hat Männern im Rahmen von Studien Oxytocin in die Nase gesprüht. Diese zeigten danach mehr Empathie gegenüber Mitmenschen. Auch scheint Oxytocin bei der Verbesserung des Lernverhaltens eine Rolle zu spielen.

Der Körper verfügt weiterhin über eigene Schmerzmittel, die wie Morphium wirken. Es gibt weitere körpereigene Botenstoffe, die sich positiv auf die Psyche auswirken und sogar Glücksgefühle auslösen können.

Der Neurotransmitter Acetylcholin ist bedeutsam für die Ausprägung der Intelligenz und des Intellekts. Man kann diesen Botenstoff mit dem Gift der Tollkirsche, dem Atropin, neutralisieren. Die Wirkung der Tollkirsche war übrigens schon im Mittelalter bekannt. Zu Zeiten der Hexenverfolgungen wurden vermeintlichen Hexen Getränke mit Inhalten der Tollkirsche verabreicht und es geschah, was die Inquisitoren erwarteten: Diese bedauernswerten Frauen wurden auf einmal unfähig zu Widerstand, erlitten Gedächtnisstörungen und -ausfälle beziehungsweise verloren ihre Selbstkontrolle. Danach ließen sie alles willenlos mit sich geschehen und erzählten ihren Peinigern genau das, was diese zur Verurteilung hören wollten (5).

Serotonin und Dopamin sind als Glückshormone bekannt. Man kann die Produktion dieser Stoffe durch einige wenige Lebensmittel wie Walnüsse oder Bananen anregen. Es ist weiterhin von der Wissenschaft einhellig anerkannt, dass nahezu alle möglichen Körperfunktionen allein durch körperliche Bewegung und normale Lebensmittel positiv zu beeinflussen sind.

Wir Menschen sind seit Jahrzehntausenden genetisch auf Bewegung konditioniert! Leichte Diabetes hält man mit Bewegung oft im Griff, der Blutdruck wird damit positiv beeinflusst, die Körperfette besser eingestellt und die Stimmung aufgehellt.

Der Arzt und Psychologe *Josef Zehentbauer* empfiehlt folgende Techniken und Methoden zur Stimulierung der körpereigenen Botenstoffe:

- Autogenes Training
- Yoga
- Meditation
- Aktives Imaginieren (Gedächtnistraining)
- Beobachtende Achtsamkeit
- Ekstatisches Tanzen
- Zen-Übungen

Natürlich ist auch ein täglicher Spaziergang von einer halben Stunde in etwas schnellerem Schritt oder lockeres Laufen sehr hilfreich. Lass' beim Laufen alle technischen Hilfsmittel wie Schrittzähler weg! Diese Dinge erzeugen keine Freude, sondern zumeist eher Druck. Lauf einfach, horch auf deinen Körper und genieße mit allen Sinnen. Die Botschaft ist eindeutig:

Jeder Mensch ist mit einfachsten Mitteln und geringem finanziellen Einsatz selbst in der Lage, für die Förderung der Gesundheit, Stress-Resistenz (Resilienz), bessere Lernfähigkeit, Stärkung der geistigen Fähigkeiten und eine angenehme Gemütslage zu sorgen.

Es bedarf nur einer wichtigen persönlichen Entscheidung: **Du musst dein eigener Drogenbeauftragter werden!**

Beantworte folgende Frage:

23. Welche positiven „körpereigenen Drogen" könnten mir gefallen und warum?

Zu viele „Ver-rückte"?

„Der menschliche Geist schafft Verhältnisse, denen die natürliche Veranlagung des Menschen nicht mehr gewachsen ist."

Konrad Lorenz, Zoologe und Nobelpreisträger

Befasste sich das letzte Kapitel mit den Möglichkeiten des eigenen Körpers, so geht es nunmehr um „Ver-rückte". Dabei ist die Definition wichtig: „Ver-rückt" sind alle die Menschen, die nicht mehr in ihrer Mitte ruhen, sondern eben „ver-rückt" sind. Sie sind im Wortsinn aus dem inneren Gleichgewicht geraten und „ver-rückt", also psychisch unausgeglichen, gestört oder krank.

Fast jeder Mensch kann im Laufe seines Lebens einmal ein wenig „ver-rückt" sein. Leider zeichnet sich eine immer stärker werdende Tendenz zur Gabe von Medikamenten ab, also externen Drogen, während die körpereigenen Drogen weniger genutzt werden, um Missstände in den Griff zu bekommen.

Es gibt ein Handbuch für Psychiater, welches alle psychischen Krankheiten enthält. Gab es in dessen erster Fassung im Jahr 1952 noch gut 100 seelische Leiden, so soll die Zahl dieser Krankheiten auf aktuell mehr als **300**! steigen.

Gleichzeitig, und das ist sehr bemerkenswert, sollen nun auch Vorstufen als eigenständige Diagnosen gelten. Vorstufen bedeutet, es sind noch gar keine konkreten Symptome zu erkennen. Die betreffenden Menschen befinden sich jedoch in einer schwierigen persönlichen Lage, etwa durch Krankheit oder Tod von geliebten Menschen (7).

Mittlerweile sollen aktuellen Studien zufolge ca. 160 Millionen Europäer, also etwa 40 Prozent der gesamten Bevölkerung, an psychischen Krankheiten leiden. Kein Wunder also, dass die Zahl der verordneten Medikamente ständig zunimmt und vor allem Kinder und Jugendliche davon betroffen sind. Diese können sich ja auch kaum wehren.

Viele Kinder kennen es gar nicht anders, als Medikamente etwa zur Ruhigstellung oder Konzentration zu sich zu nehmen. Sie wachsen damit auf. Wie sollen sich diese je im Leben ihrer chemischen Krücke entledigen können, wenn sie deren Einsatz als völlig normal empfinden?

Dabei ist noch nicht einmal richtig klar, ob ADHS, das Aufmerksamkeitsdefizithyperaktivitätssyndrom, wirklich ein Massenkrankheitsbild ist. Laut dem Robert-Koch-Institut soll diese Diagnose bei jedem 20. Kind gestellt worden sein und die gleiche Anzahl entfiele auf Verdachtsfälle (7).

Mittlerweile gibt es wohl sogar Elternforen, die ernsthaft über das Burnout von Babys diskutieren - kaum zu glauben, oder?!? Laut der Techniker Krankenkasse und dem Wiener Landesverband für Psychotherapie soll wohl jedes 4. Kind eine Therapie benötigen (7).

Es geht bei solchen Beurteilungen immer um die Art des Maßstabes: Wenn Traurigkeit, Niedergeschlagenheit oder Herumzappeln als Kennzeichen einer Krankheit angesehen werden, dann sind diese per Definition Symptome einer Krankheit.

Auch der Maßstab, was normal ist und was nicht, scheint daher in die falsche Richtung „ver-rückt" zu sein. Unser Referenzrahmen, der zur Einordnung von Dingen oder Geschehnissen nötig ist, hat sich verschoben. Es scheint mittlerweile mehr „angeblich" Kranke als Gesunde zu geben. Die Auswirkungen auf den einzelnen Menschen und die Gesellschaft sind alarmierend.

Man wird Ärger, Frustration, Leiden, Krankheit und Trauer ebenso wie Anteilnahme, Freude und Lust niemals aus dem Leben vertreiben können. Diese Emotionen kommen einfach und nicht selten ungefragt. Die Einnahme von Drogen (Medikamenten) ist letztlich nicht mehr als ein Ausweichmechanismus vor den Schwierigkeiten des Lebens.

Natürlich sind in vielen Krankheitsfällen Medikamente unbedingt zur Behandlung erforderlich. Die Notwendigkeit könnte aber öfter als bisher hinterfragt werden.

Geh' mit offenen Augen und Neugier durch die Welt. Stell' dir den Geruch einer frisch gemähten Wiese vor. Beobachte die bunten Schmetterlinge beim Fliegen.

Höre dem Gesang der Vögel zu und erfreue dich an ihren unterschiedlichen Liedern. Bewundere die Greifvögel für ihr anmutiges Fliegen. Genieße den knirschenden Schnee unter deinen Füßen und die Sonne auf deiner Haut.

Versuche jeden Augenblick einfach im Hier und Jetzt zu sein.

Vergiss vergangene Niederlagen und denke nicht an eine Zukunft, die wahrscheinlich anders eintritt, als du es heute glaubst.

Es sind die kleinen, oft unbeachteten Dinge, die in der Summe das Leben aus- und uns damit glücklich machen. Deshalb sei dir, anderen, deiner Umwelt und der Natur achtsam gegenüber.

So bleibt die Gefahr, dich selbst zu „ver-rücken" oder von anderen „ver-rückt" zu werden eher gering. Manchmal - ach - sehr oft reicht schon ein einziges Wort...

Beantworte nun folgende Fragen:

24. Ist es mir wichtiger, negative Emotionen zu vermeiden oder positive aktiv zu suchen?

25. Habe ich mich schon einmal „ver-rückt" gefühlt?

_____

_____

_____

_____

_____

26. Gibt es Menschen, mit denen ich mich auch in schwierigen Zeiten
vertraulich austauschen kann?

_____

_____

_____

_____

_____

Das Glück des Müllmanns (Flow)

*Glück ist meistens nur ein
Sammelname für
Tüchtigkeit, Klugheit, Fleiß
und Beharrlichkeit*

Charles F. Kettering, Wissenschaftler und Philosoph

In Eschwege gibt es ein Zinnfigurenkabinett, dessen Figuren zwischen 1,2 mm und 90 mm groß sind. Es handelt sich um Menschen, Tiere, Fahrzeuge, Gebäude und komplette Ensembles, die in liebevoller Handarbeit hergestellt und mit bunten Farben bemalt wurden.

Insgesamt verfügt das Kabinett über 12.000 Figuren und 200 Dioramen. Man kann nur grob schätzen: Wahrscheinlich haben sich die Künstler etliche tausend Stunden mit ihrer Arbeit befasst. Die Gedanken waren dabei sicherlich nur auf diese eine Tätigkeit konzentriert.

Der ansonsten so unruhige Geist schweift nicht ab, ist völlig in die Aufgaben versunken und lässt den Ausführenden die Relativität der Zeit erfahren.

Mittlerweile ist es allgemein bekannt, dass dieser sogenannte "Flow", der Fluss unserer Gedanken und unseres Tuns wahre Glücksgefühle in uns Menschen auslöst.

Dazu schreibt der Psychologe *Mihaly Csikszentmihalyi*:

„Wir sind in diesem Zustand weder unterfordert, noch drohen wir zu scheitern, müssen aber durchaus auch Herausforderungen meistern" (8).

Während des Flow ist man in die „Arbeit" versunken und allein darauf konzentriert. Alle störenden Gedanken sind abgeschaltet. Man ist glücklich. Dabei ist es völlig egal, welchem Hobby, Beruf oder welcher Tätigkeit man nachgeht.

Entscheidend ist allein die Übereinstimmung der eigenen Fähigkeiten mit den Anforderungen der, entweder von dir selbst oder von außen, an dich gestellten Aufgabe.

Nehmen wir einmal an, es ist Sommer und die Temperaturen steigen seit Tagen auf über 30 Grad Celsius an. Die Tonne mit Biomüll ist übervoll, riecht überaus streng und muss unbedingt entsorgt werden.

Das Entsorgungsfahrzeug kommt und hinten auf dem Podest steht der Held unserer kleinen Geschichte, jemand dem wir alle unendlich dankbar sein dürfen, der Müllmann.

Dieser muss jeden Tag etliche Stunden hinter dem Müllwagen her laufen und die vollen Tonnen an das Fahrzeug heran schaffen und geleert wieder zurückstellen.

Der Gestank aus den Müllbehältern dürfte ziemlich übel sein. Einmal abgesehen von der sehr wichtigen Arbeit für uns, für die ganze Gesellschaft, stellt sich die Frage: Gibt es sie wirklich, die glücklichen Müllmänner?

Nicht jeder Entsorger wird mit seinem Job unbedingt zufrieden sein. Die Begleitumstände dieser Arbeit sind nun einmal nicht angenehm. Sicher gibt es aber viele Menschen, die diesen oder andere weniger angesehene Berufe ausüben und trotzdem glücklich bei ihrer Arbeit sind.

Diese Menschen verfügen über die erstaunliche Eigenschaft, ihre persönlichen Fähigkeiten mit den gegebenen Möglichkeiten in Einklang zu bringen. *Cszikszentmihalyi* bezeichnet solche Menschen als „Flow-Persönlichkeiten". Diese verfügen über den inneren Flow, ihnen fällt es leicht sich zu konzentrieren, sie sind kaum abzulenken und können ihr Bewusstsein kontrollieren (8).

Es gibt viele Menschen mit Behinderungen oder schweren Verletzungen, die an ihrem persönlichen Schicksal gewachsen sind und sich persönlich als wirklich glücklich bezeichnen.

Ich denke da z. B. an „Die Frau ohne Beine", sie heißt *Silke Naun Bates* und hat im Alter von 8 Jahren beide Beine durch einen Unfall verloren, ist heute eine reife Frau und hat trotz ihrer Behinderung sogar Kinder bekommen und lebt und arbeitet selbstständig. Sie sagt von sich: „Ich habe mich nie unvollständig gefühlt"

Oder *Boris Grundl,* ein Managementcoach im Rollstuhl, der bei seinen bewegenden Impulsvorträgen vor Tausenden von Menschen die Bühne rockt!

Es gibt sogar Berichte über Insassen von Gefängnissen, die sich trotz der widrigen und manchmal tödlichen Umstände ihrer Gefangenschaft die innere Freiheit bewahrten und sich nicht unterkriegen ließen.

Glück hängt weniger von den äußeren Umständen selbst ab, sondern vielmehr von unserer eigenen Einstellung und Erwartungen diesen Faktoren gegenüber!

Das hört sich einfach an, oder? Verhaltensänderungen gehören für uns Menschen jedoch oft zu den schwierigsten Herausforderungen im Leben überhaupt. Man denke nur an seine eigenen guten Vorsätze zum Jahreswechsel, die sich bei den meisten von uns recht schnell (oft noch in der gleichen Nacht) wieder in Luft auflösen.

Mag sein, dass du deinen Job hasst, egal ob du Müllmann/-frau, Handwerker/-in, Beamter/-tin oder Angestellte/r bist. Wenn du dich nicht zu einer Veränderung aufraffen kannst, wirst du das Leben weiterführen, das du bereits führst – vielleicht unglücklich?

Den meisten Betroffenen dürfte dies sogar mehr oder weniger bewusst sein, doch der Preis für eine Änderung dieses Zustands scheint ihnen zu hoch.

Deshalb verschieben viele ihr Glück in das Rentenalter, also in das letzte Viertel ihres Lebens. Im zweiten und dritten Quartal werden die Zähne eben noch mal zusammengebissen und das Gehalt einfach unter der Rubrik „Schmerzensgeld" verbucht. Wenn das mal keine kapitale Fehlkalkulation ist.

So ist es auch nicht verwunderlich, dass nach einer aktuellen Studie ca. 80 Prozent der in Deutschland tätigen Arbeitnehmer unter negativem Stress leiden!

Kennst du eigentlich den einfachen, aber sehr effektiven Test, die „Luftballonanalyse"? Stell dir vor, jemand drückt dir einen Luftballon in die Hand und stellt dir danach diverse Fragen in Bezug auf Stress. Bei jeder Frage sollst du je nach Intensität Null bis Dreimal kräftig in den Luftballon blasen.

Nach kurzer Zeit ist zu bemerken, dass die Probanden, welche öfter in den Luftballon hinein blasen „müssen" mit zunehmendem Füllstand immer „vorsichtiger" werden, weil sie Angst haben, dass der Ballon platzen könnte!

Beim Auffüllen ihres Stresslevels am Arbeitsplatz sind sie aber sehr großzügig, was den Füllstand angeht und fressen alles in sich hinein, ohne Rücksicht auf die eigene Gesundheit.

Diese und weitere tragische Handlungsweisen beschreibt ein bekannter deutscher Anti-Stress-Coach in seinem Buch „Wege aus der Stress-Falle!", sehr eindrücklich. (9)

Wer den äußeren Flow kultiviert, öfter erfährt und sogar zum inneren Flow des „glücklichen Müllmanns" in der Lage ist, der hat den Schlüssel zu seinem Leben in der Hand!

Eine hohe Übereinstimmung der Realität des eigenen Lebens mit seinen Zielen und Ansprüchen spielt ebenfalls eine ganz entscheidende Rolle in Bezug auf ein zufriedenes Leben. Gerade in den letzten Jahrzehnten sind die individuellen Erwartungshaltungen kontinuierlich stark angestiegen. Immer mehr Menschen können diese Erwartungen an sich selbst oder auch von Dritten nicht mehr erfüllen. Die Auswirkungen auf das Selbstbewusstsein sind entsprechend negativ.

Deshalb ist es eine Aufgabe der Psychotherapie, gerade diese Erwartungshaltungen und Ansprüche an sich selbst zu senken. So soll der Patient zu neuen Einsichten kommen. Unerreichbaren Zielen oder Vorbildern hinterher zu laufen kann auf Dauer nur unglücklich machen.

Beantworte folgende Fragen:

27. Wie oft und bei welcher Tätigkeit fließt bei mir alles mühelos / erlebe ich Flow?

28. Wenn ich keinen oder nur selten äußeren oder inneren Flow erlebe: Was kann ich tun, um Flow öfter zu erzeugen?

Schöne, neue Arbeitswelt

„Langfristig wird die Arbeit verschwinden... Jetzt geht es um Maschinen, die mit Maschinen reden. Der Mensch wird überflüssig."

Jeremy Rifkin, US-Ökonom, Stuttgarter Zeitung vom 29.04.2005

Viele amerikanische Studenten verlassen heute ihre Universität nicht nur mit einem Abschluss, sondern zusätzlich mit Schulden zwischen 60.000 und 80.000 US$. Nicht wenige haben sogar einen sechsstelligen Betrag an Verbindlichkeiten. Offizielle Schätzungen gehen davon aus, dass die gesamten Schulden aus Bildungsdarlehen in den USA mittlerweile höher sind als Schulden aus der Nutzung von Kreditkarten.

Ein gesellschaftliches Versprechen lautet seit Jahrzehnten: „Gute Bildung sichert sozusagen automatisch einen recht festen und gut bezahlten Job." Aber stimmt diese Gleichung auch in der Zukunft noch? Aktuell ist die Arbeitslosigkeit in Ländern wie Griechenland, Portugal, Spanien,

Frankreich weiter sehr hoch. Seit mehreren Jahren hat die Jugendarbeitslosigkeit in vielen europäischen Ländern erschreckende Ausmaße erreicht.

Blicken wir auf den oft angeführten Fachkräftemangel in der Wirtschaft stellen wir fest, dass natürlich immer wieder Engpässe bei bestimmten Spezialisten eintreten oder bestimmte Qualifikationen durch die Änderung von Gesetzen benötigt werden. Der Hauptindikator für die Knappheit eines Gutes ist immer noch der Preis, somit das Gehalt des Verdienenden.

Es müssten bei einer tatsächlichen Knappheit an Fachkräften die Preise für diese Arbeitskräfte, also deren Arbeitsentgelt, kräftig steigen. Zwar bekommen einige Spezialisten sicher vergleichsweise mehr Geld. Die breite Masse der Arbeitnehmer jedoch leidet an einer Stagnation in der Höhe des Gehaltes, selbst bei den hochqualifizierten Ingenieurberufen.

Wenig bekannt ist, dass bei der Bundesagentur für Arbeit die Zahl der bekannten offenen Stellen für Ingenieure willkürlich mit 7,14 multipliziert wird. (11)

Die Behörde geht ganz einfach davon aus, es gäbe viel mehr Stellen als gemeldet. Der gewählte Faktor von 7,14 suggeriert eine Scheingenauigkeit, die es gar nicht gibt.

Wissen wird weiterhin unverzichtbar sein, aber keine Garantie mehr für dauerhaft gut bezahlte Jobs bieten. Dagegen wird die Zahl der Freelancer, der frei an immer neuen Projekten arbeitenden Menschen, weiter steigen.

Unternehmen werden so ihren jeweiligen Bedarf an bestimmten Qualifikationen decken können. Internet, Smartphone und Co machen es möglich. Neu ist der Freelancer jedoch nicht, denn schon im Mittelalter vermieteten Ritter ihre Lanzen an den Meistbietenden und zogen für diesen dann in den Kampf.

Nur Wissen und Fähigkeiten, die Mehrwert und Nutzen für Dritte oder ein eigenes Unternehmen schaffen, werden noch benötigt und bezahlt werden.

Bildung und Fähigkeiten jeder Art sind erstrebenswert. Insbesondere auch diejenigen Interessen, die rein privat ausgeübt werden und keinerlei finanziellen Vorteil bringen. Dinge, die einfach Freude bereiten.

Denn gerade diese Bildung und Vermittlung von Fertigkeiten ermöglichen ungewöhnliche Sichtweisen, andere Einstellungen und möglicherweise Chancen, die sich unverhofft daraus ergeben. Wenn alle „das Gleiche" lernen wird die Frage nach den persönlichen Eigenschaften noch viel wichtiger.

Beantworte folgende Fragen:

29. Welche Fähigkeiten habe ich, die andere in meinem Beruf nicht haben?

30. Kann ich diese privat oder beruflich noch besser nutzen?

_____

_____

_____

_____

_____

31. Gibt es etwas, was mich schon immer sehr interessierte, ich aber noch nicht ausprobiert habe?

_____

_____

_____

_____

_____

Den Kopf benutzen

„Denken ist die schwerste Arbeit, die es gibt, deshalb beschäftigen sich auch nur wenige damit.“

Henry Ford, Erfinder der Automobilproduktion am Fließband

Und dabei ist Denken und Lernen doch sooo wichtig! Aber ganz ehrlich, es soll natürlich Spaß machen! Grundsätzlich gilt schon seit ewigen Zeiten ein ganz einfacher Spruch, der besagt:

Mit dem, was du denkst, steuerst du dein Leben. Ob du glaubst, es geht – oder du glaubst es geht nicht – In beiden Fällen hast du 100 Prozent Recht!!!

Ist das nicht toll!?! Du bist und wirst, was du denkst! Denkst du Erfolg, so wird sich dieser unweigerlich über kurz oder lang in deinem Leben einstellen und denkst du Misserfolg, so wird ganz sicher auch dementsprechend dein Leben verlaufen. Da bietet sich eine geniale Chance.

Denn nur du allein entscheidest über die Qualität deiner Gedanken und darüber, ob dir etwas gelingt oder kläglich zum Scheitern verurteilt ist, oder?

Also gib deinem Unterbewusstsein klare und eindeutige Bilder und es wird alles für dich bereiten! Achte dabei stets darauf, dass du den zweiten Schritt nicht vor dem ersten tust. Damit erreichst du, dass dein Vorhaben auch gelingt.

Es gibt so wundervolle Techniken, mit denen sich jeder bis ins hohe Alter einen wachbewussten Verstand und eine hohe Merkfähigkeit sichern kann. Wenn du so willst, dann sind das quasi lebensverlängernde Maßnahmen! Es sind die bereits erwähnten „Mnemo Techniken" (Bildverknüpfung) die schon vor vielen tausend Jahren im antiken Griechenland von Gelehrten und Rednern verwendet wurden, um sich selbst komplexeste Vorgänge und Abläufe merken zu können, schließlich gab es noch keine Computer.

Der bekannte Schweizer Gedächtnistrainer *Gregor Staub* hat sich dieser Thematik angenommen und in einem Gedächtnistraining verarbeitet. (12) Denn es ist mehr als vernünftig, dem Geist lebenslang frische Nahrung zuzuführen.

Das Gedächtnis ist allerdings nur ein Teil unseres Denkens, wir dürfen dabei nicht die Logik und Vernunft vergessen.

Es scheint, dass das Denken langsam aus der Mode kommt; als würden die Vernunft und die Aufklärung langsam aus der Welt verschwinden. Nicht jene egoistische Vernunft, die jegliches Handeln den eigenen Interessen vollständig unterordnet. Davon haben wir mehr als genug. Sondern die ruhige, abwägende, auch die Interessen anderer einbeziehende Vernunft. Die Vernunft derer, die sich ihres Verstandes unbeeinflusst bedienen wollen, diesen dafür schulen und auch die eigenen Emotionen beobachten.

So ein Mensch war *Sokrates,* einer der bedeutendsten Philosophen der Weltgeschichte.

Weniger bekannt ist, dass *Sokrates* als Hoplit (schwer bewaffneter, in geschlossenen Formationen kämpfender Angehöriger der griechischen Haupttruppe) im peleponesischen Krieg kämpfte und Eigenschaften aufwies, die man bei Philosophen eher nicht vermutet: Er war bei seinen Vorgesetzten und Mitstreitern beliebt, da er in jeder Situation einen klaren Kopf behielt, Mut und Entschlossenheit bewies und stets als tapfer galt. Er verfügte über die Fähigkeit, Entbehrungen und Strapazen wie Hunger und Kälte mit einer unglaublichen Leichtigkeit und Gelassenheit zu ertragen.

Dabei will wohl niemand aussehen wie er: Er war hässlich, die Augen quollen hervor. Stülpnase, dicke Lippen, dicker Bauch, gedrungener Körper ließen ihn wie einen Satyrn (Bocksähnliche Dämonen) aussehen. (13)

Sokrates entsprach im Verhalten und Aussehen wahrlich

nicht den landläufigen Vorstellungen von einem weisen Mann. Doch er war einer der Geistesriesen und zählt nach Meinung des deutschen Philosophen *Karl Jaspers* neben *Buddha*, *Konfuzius* und *Jesus* zu den vier maßgeblichen Menschen der gesamten Weltgeschichte. *Sokrates* war ein Verfechter der Wahrheit, die für ihn allein entscheidend war. (13)

Dafür kämpfte er im antiken Griechenland bis zu seinem Tod durch den berühmten Schierlingsbecher, den er frei- willig nahm, als er wegen angeblicher Gotteslästerung und

Verführung der Jugend von einem der zahlreichen Gerichtshöfe der Attischen Demokratie mit knapper Mehrheit zum Tode verurteilt wurde. Man kann Sokrates durchaus als einen der Wegbereiter der Aufklärung bezeichnen.

Überall da, wo Menschen der festen Überzeugung sind im Besitz objektiver Erkenntnis zu sein, obwohl sie nichts anderes besitzen als eine subjektive Meinung von den Dingen entsteht Dummheit, Intoleranz und Wahn...

Diese Verwechslung der eigenen Gewissheiten mit für alle Menschen verpflichtenden Wahrheits- und Geltungsansprüchen sei der Grund für alles Übel, das Menschen einander antun (14).

Schöner und treffender kann man kaum zusammenfassen, auf welcher Grundlage etwa Tyrannen und totalitäre weltliche beziehungsweise religiöse Systeme handeln und funktionieren, um Menschen zu bevormunden.

Auch gibt es Zwitterpersönlichkeiten, die einerseits großartige Dinge geleistet haben, andererseits auch mehr als nur merkwürdig waren. So gelang es dem preußischen Feldmarschall *Leberecht von Blücher* im Jahr 1815 gemeinsam mit dem englischen Feldmarschall *Wellington* bei Waterloo, der französischen Armee unter Napoleon eine vernichtende Niederlage beizubringen. *Von Blücher* soll 1814 bei Laon irrsinnig gewesen sein, litt gelegentlich an Gesichts- und Gehörtäuschungen und glaubte, zur Strafe von einem Elefanten schwanger zu sein (15).

Dabei ist nicht jeder Mensch nur gut oder nur böse. Es sind unendlich viele Grauschattierungen zwischen diesen beiden Extremen möglich. So wird unser Leben in guter oder auch schlechter Weise beeinflusst, wenn wir es denn zulassen.

Stelle dir die folgende Frage:

32. Was kann ich Gutes tun, was nicht nur mir, sondern vielen anderen Menschen nützt?

Die falschen Glücksversprecher

„Wenn uns an unserer Freiheit liegt, dann sollten wir als Erstes den Staat aus der Verantwortung für unser Lebensglück entlassen. Die gehört in unsere eigenen Hände."

Notker Wolf, Abtprimas des Benediktinerordens, Autor des Buches 'Worauf warten wir?'

Was gibt meinem Leben einen Sinn? Diese Frage stellt sich im Lauf des Lebens praktisch jeder Mensch mehrfach und es gibt sehr viele individuelle Antworten darauf. Nun möchte natürlich jeder eine Antwort auf diese Frage finden. Damit das schneller und einfacher geht, sollten wir diese Frage umformulieren: „Wer gibt meinem Leben einen Sinn? Hier ist die Antwort dann eindeutig:

Du selbst, nur Du allein gibst deinem Leben einen Sinn!

Denn eines steht fest: Du hast nur dieses eine, zeitlich sehr begrenzte Leben auf dieser schönen Erde. Im Laufe dieses

Lebens üben deine Familie, Partner, Freunde, Bekannte, dir fremde Menschen und selbst deine Gegner und Widersacher unterschiedlichsten Einfluss auf dich aus, oft mehr als dir lieb ist.

Die Frage ist also: „Lebst du dein Leben weitgehend selbstbestimmt und aktiv oder lebst du eher passiv und wirst sozusagen gelebt?"

Instinktiv merkst du, was dir gefällt und was du ablehnst. Daraus entwickelt sich im besten Fall die klare Erkenntnis, was dich antreibt. Welche Dinge deinem Leben einen Sinn vermitteln und deinen roten Faden darstellen, an dem du dich entlang hangelst und immer wieder neu justierst:

Bereitet es dir Freude, was du machst? Hast du das Gefühl, dass dein Leben zu viel von anderen Menschen gesteuert wird? Wenn ja: Wie kannst du dich von diesen unabhängig machen?

Schon von Kindesbeinen an werden wir Menschen bewusst oder auch unbewusst konditioniert und nicht selten indoktriniert (gezielte Manipulation von Menschen und Unterdrückung von Kritik). Konditionierung ist etwas Alltägliches, denn dass wir von unseren Eltern gute Dinge und Verhaltensweisen lernen ist sogar notwendig, getreu dem alt bekannten Spruch: „Was du nicht willst was man dir tu, das füg' auch keinem anderen zu".

Dazu gehört mit Sicherheit auch, Tiere als empfindungsfähige Lebewesen gut zu behandeln. Immer mehr Wissenschaftler sind davon überzeugt, dass viele Tierarten über ein Bewusstsein des eigenen Selbst und auch Intelligenz verfügen. So wissen z. B. Hunde als Mitglied der Familie immer ganz genau, wie die Dinge dort laufen.

Es geht letztlich immer um die Frage, ob du Herr deines eigenen Lebens sein willst oder nur der Knecht, dessen Leben von anderen Menschen im Wesentlichen bestimmt wird. Konditionierung kann sowohl gute als auch schlechte Merkmale im menschlichen Verhalten ausprägen. Indoktrination hat dagegen nur zum Ziel, über andere Menschen zu herrschen.

Kritiker könnten nun anmerken, dieses Schwarz-Weiß-Denken gäbe es so im Leben nicht. Selbstverständlich gibt es oft einen Chef im Unternehmen, der einem sagt, was man am Arbeitsplatz zu tun und zu lassen hat. Es geht aber eher um ein universelles Grundprinzip. Wer Vernunft und

Aufklärung für unentbehrliche Essenzen der persönlichen und der gesellschaftlichen Entwicklung annimmt, für den hat der deutsche Philosoph *Immanuel Kant* die unübertroffen richtigen Worte gefunden:

„Aufklärung ist der Ausgang des Menschen aus seiner selbstverschuldeten Unmündigkeit. Unmündigkeit ist das Unvermögen, sich seines Verstandes ohne Leitung eines anderen zu bedienen..." Habe Mut, dich deines eigenen Verstandes zu bedienen!

Wer sind denn nun die in der Überschrift genannten Glücksversprecher? Das sind Persönlichkeiten, Institutionen, Autoritäten und Herrscher, die den Menschen das Glück auf Erden (manchmal darüber hinaus) versprechen, wenn man ihnen folgte. Sie behaupten, die Einzigen zu sein, die den Schlüssel zum Glück im Schloss drehen können. Sie geben sich als freundliche Retter aus, obwohl sie sich zu Vormündern aufgeschwungen haben. Vormünder brauchen Unmündige für ihr Dasein. Glücksversprecher missbrauchen Menschen oftmals für die Erfüllung ihrer eigenen Machtansprüche. Noch ein Tipp:

Wenn deine eigenen Prinzipien durch andere Menschen verneint werden, dann lohnt es sich nicht, mit diesen Leuten zu diskutieren. Sie wollen es nicht, denn sie sind Fundamentalisten. Sie meinen, im Besitz der einzigen Wahrheit zu sein. Deshalb lebe dein Leben einfach und bewusst selbstbestimmt, und sei nicht angewiesen auf die Meinung anderer.

Beantworte folgende Fragen:

33. Welchen Sinn habe ich für mein Leben gefunden?

34. Gibt es Menschen, mit denen keine Diskussion möglich ist?

Der Monty-Python-Faktor (10)

„Werbung ist die Kunst, ein Produkt so zu rühmen, als hätte es keine Werbung nötig."

Joachim Schwedhelm, deutscher Buchautor

Was hat Monty Python, die berühmte Komikertruppe mit Persönlichkeitsbildung, Wirtschaft und trockenen Themen wie Finanzen und Unternehmen zu tun? Die Antwort ist ganz einfach. Ihr Geschäftsmodell war unglaublich erfolgreich, weil völlig neu, und beruhte auf dem Ansatz: "Anders sein!"

Im heutigen, immer härter werdenden Wettbewerb um gute Jobs, Topp-Mitarbeiter, Märkte und Kunden wird der Monty-Python-Faktor "Anders sein!" immer weiter an Bedeutung gewinnen. Der eigene USP, das persönliche Alleinstellungsmerkmal, entscheidet mit über Erfolg oder Misserfolg. Austauschbare Firmen werden es in Zukunft schwer haben, zu bestehen. Nachstehend findest du die wesentlichen Unternehmens- und Erfolgsmerkmale von *Monty Python*:

1. Stelle die allgemein für richtig erachteten Meinungen in Frage

2. Unterscheide dich durch eine Dramaturgie, erzähle einfach deine spannende Geschichte

3. Sei im Handeln souverän

4. Arbeite mit einer Prise Humor

5. Löse die Probleme/Bedürfnisse deiner Kunden wirklich

Monty Python hat ausgetretene Pfade verlassen und ganz neues Gelände betreten. Die vorgenannten Erfolgsmerkmale lassen sich in abgewandelter Form für jedes Unternehmen, aber auch für die eigene Person anwenden.

Nimm dich selbst und die Welt nicht allzu ernst. (Das bedeutet natürlich nicht, dass die Welt nicht ernst wäre; sie ist sogar sehr oft todernst). Humor ist jedoch eine der besten Waffen gegen die Tücken des Alltags und hilft, auch peinliche oder schwierige Situationen zu meistern!

Fast jeder hat schon richtig unangenehme Dinge erlebt. Es gibt nun mal Menschen, die einen mögen und andere, die einen eher reserviert behandeln. Das hängt mit Sicherheit auch damit zusammen, wie man mit seinen Mitmenschen umgeht.

Es gibt den stillen, introvertierten Menschen, dem direkte Kommunikation manchmal eher ein Graus ist. Andere vermitteln ihrem Gesprächspartner das Gefühl, dieser sei der wichtigste Mensch auf Erden.

Sich selbst zu (er)kennen ist eine der grundlegenden Anforderungen an eine gute Gestaltung des eigenen Lebens, wie schon die Philosophen in der Antike wussten.

Sehr schön ausgedrückt hat das *Steve Jobs* in seiner berühmten Rede 2005 an der Stanford University mit folgenden (übersetzten) Worten:

„Du musst finden, was du liebst... Eure Zeit ist begrenzt - bleibt hungrig".

Warum ist es so wichtig zu finden, was man liebt? Hier gibt die Hirnforschung einen deutlichen Hinweis:

Wir lernen nur dann gut, verarbeiten Informationen nur dann optimal, nämlich mit Freude und schnell, wenn das zu Lernende mit positiven Gefühlen besetzt ist! Etwas, das man im Herzen ablehnt, wird man demnach nie richtig gut lernen und leben können.

Gleichzeitig weist Jobs darauf hin, das Leben nicht nach hinten zu verschieben, etwa in die Zeit der Rente. „Bleibt hungrig" kann auch in der Weise interpretiert werden, dass man nicht allein beruflichen Erfolg anstreben sollte.

Ganz einfach bedeuten diese beiden Worte auch, niemals die Neugier zu verlieren, mit offenen Augen durch das Leben zu gehen und so die eigene Persönlichkeit fast spielerisch zu entwickeln. Egal, ob man eher ein stiller Mensch oder mehr ein geselliger Typ ist.

Wenn du „hungrig" bleibst, mit Menschen kommunizierst und Freundschaften pflegst, dann wird dir gegeben, das ist die Botschaft! Sicher wird diesen Menschen auch der Zufall zu Hilfe kommen.

Selten entstehen Zufälle aus dem Nichts, eher sind es die vielen kleinen und unauffälligen Geschehnisse und Kontakte, denen man kaum Bedeutung beimisst. Du musst dem Zufall nur eine Chance geben! Sei es im privaten oder beruflichen Umfeld.

Beantworte folgende Fragen:

35. Wie kann ein eher ruhiger/introvertierter Mensch andere auf sich und seine Leistungen aufmerksam machen?

36. Welche positiven „Zufälle" gab es bisher in meinem Leben?

37. Geschahen diese wirklich zufällig oder entstanden diese aus einer vorherigen Handlung?

Ruhe im Tagesrennen

Ein Ritual ist die immer gleiche Abfolge von Handlungen, die uns glauben lassen, dass es noch festen Halt im vermeintlich schlüpfrigen Fluss des Lebens gibt.

Michael May

Dummerweise herrscht im täglichen Leben oft ein großes Durcheinander. Dringende berufliche Termine stehen an, die E-mails müssen gesichtet werden und unzählige Telefonate laufen auf. Familie, Freunde und Bekannte haben Wünsche und die eine oder andere ungebetene Überraschung wartet nicht selten auf uns.

Bei diesen vielfältigen Anforderungen einen klaren Kopf zu behalten und ausgeglichen zu bleiben, scheint manchmal nicht einfach zu sein. Umso wichtiger ist es, Ruhe zu bewahren.

Oft erledigt man das vermeintlich Eilige, nicht aber das Wichtige zuerst. Unangenehmes wird gern auf einen späteren Zeitpunkt verschoben, den es aber leider meist dann doch nicht gibt. Ein Tipp: Erledige unangenehme Aufgaben als erstes, dadurch ändert sich dein Gefühl und der Kopf ist freier. Professoren kennen dies von ihren Studenten nur zu gut, die sich verzetteln, schlechten Gefühlen aus dem Weg gehen wollen und auf einmal zu viele Dinge aufgeschoben haben.

Dann kommen sie erst recht, die schlechten Gefühle gepaart mit dem schlechten Gewissen. Verbunden ist dies meist mit Unzufriedenheit, Schlafstörungen und führt zu chronischem Stress.

Ist dieser Stress negativer Natur, also beflügelt er uns nicht, sondern hemmt uns in unseren Entscheidungen, macht er uns auf Dauer krank...

Daraus resultieren dann häufig Dinge, die für viele Menschen mittlerweile leider zu ihrem Leben dazugehören:

- Vergesslichkeit
- Verspannungen
- Konzentrationsstörungen
- Magenschmerzen
- psychische Belastungen
- Schlafstörungen
- Verdauungsstörungen
- Übergewicht
- Depressionen
- vermehrte Infektionen
- erhöhter Blutdruck (-->Herzinfarkt)

Stressbelastung kann zum Burnout führen - ein Begriff, den vor 40 Jahren noch niemand kannte, der aber heute weit verbreitet ist und als Krankheit anerkannt wird. Kennst du diese Aussage:

"Ich habe keine Zeit ..."

Oft fehlt einfach die Zeit bzw. nehmen wir sie uns nicht. (Mit dem, was du denkst, steuerst du dein Leben.) Dabei ist es wichtig, dass unser Körper und auch unser Geist wieder regenerieren können.

Zunehmend steigen in den Firmen, Unternehmen und Organisationen in Deutschland die Anzahl der Krankentage. Grund dafür ist nicht zuletzt die immer weiter zunehmende

Zahl an psychischen Erkrankungen. Da sind Vorbeugung und Vermeidung angesagt.

Als direkte Reaktion auf den bundesweiten Trend in Sachen „Steigerung der Krankheitstage" hat der Gesetzgeber unter anderem auch die gesetzlichen Anforderungen an Deutschlands Arbeitgeber verbindlich neu festgelegt. Das Motto ist:

Prävention statt Frustration!

Alle Arbeitgeber sind gesetzlich verpflichtet, geeignete Maßnahmen zu ergreifen, um stressbedingten Erkrankungen in Zukunft besser vorzubeugen. Deshalb ist das Stress-Präventions-Konzept „Wege aus der STRESSFALLE" unter Berücksichtigung der neuesten Erkenntnisse aus der Hirnforschung entwickelt worden. (9)

Natürlich gibt es schon viele Rezepte zum Schaffen von Ordnung in deinen Gedanken, um dem alltäglichen Stress vorzubeugen, um deinen heutigen Tag zu deinem besten Tag zu machen. Nur vielleicht kennst du sie noch nicht oder hast sie bisher nicht wahrgenommen?!

Es sind Dinge, die du möglicherweise schon anwendest und die in deinem Leben der Entschleunigung dienen. Kochst du etwa deinen Kaffee oder Tee nach einer ganz bestimmten Abfolge? Meditierst oder betest du jeden Tag zur gleichen Zeit? Läufst du deine Runde regelmäßig, egal welches Wetter herrscht? Nimmst du dir jeden Tag eine halbe

Stunde Auszeit für dich allein? (Achtung – das hastige Mittagessen gehört nicht dazu!) Herzlichen Glückwunsch!

Dann bist du einer der Menschen, die ihrem täglichen Leben einen kleinen, aber sinnvollen Ordnungsrahmen gegeben haben. Solche Menschen nutzen immer gleiche und wiederkehrende Rituale im täglichen Leben.

Rituale aller Art dienen dazu, uns in dieser hektischen Welt ein wenig Sicherheit zu verschaffen und uns zu vergewissern, dass alles noch so ist wie es sein soll. Diese kleinen Helfer fokussieren die Gedanken und wirken ordnend sowie beruhigend.

Wenn dich dennoch zu oft negative Gedanken in einer Art Endlosschleife quälen, man nennt dies auch „gedankliches Wiederkäuen", dann mach' einfach folgende kleine Übung, um diesem Kreis zu entfliehen:

1. Lass deine Gedanken einfach kreisen und denk an einen dir vertrauten Ort, z. B. einen einsamen Strand oder eine leuchtende Sommerwiese
2. Nun konzentriere dich auf ein Geräusch in deiner Umgebung, z. B. das Summen einer Biene oder das Zwitschern eines Vogels
3. Tue dies mindestens zehn Sekunden, nur auf dieses Geräusch
4. Höre erst auf, sobald sich ein angenehmes Gefühl bei dir hochkommt
5. Wiederhole diese Übung so oft du magst.

Wichtig ist auch, nicht zu perfekt sein zu wollen. Natürlich wollen wir Menschen das eigentlich. Da wir aber nun mal nicht perfekt sind, wird das immer ein Wunschtraum bleiben.

Der Italiener *Pareto*, Begründer des gleichnamigen Prinzips, hat folgende einfache Formel entwickelt: Mit 20 Prozent Aufwand schafft man 80 Prozent des Erfolges. Die letzten 20 Prozent des Erfolgs benötigen aber 80 Prozent der gesamten Energie oder Zeit.

Nach dieser Theorie musst du dich entscheiden, wann Perfektion wirklich notwendig ist und wann nicht, sowohl im Berufsleben wie auch im privaten Umfeld.

Selbstverständlich sollte man immer das Beste geben. Aber das bedeutet nicht automatisch auch Erfolg zu haben. So bleibt Scheitern eine, wenn auch sehr unbeliebte Option. Zum Glück gibt es ja diese wundervolle Metapher am Schluss des Kapitels „Kampf und Demut".

Weißt du, die allermeisten Menschen sind mehr oder weniger Mittelmaß. Sei es bei der Körpergröße, den geistigen Fähigkeiten, dem Aussehen oder beim Verhalten. Und das ist gut so – Punkt!

Es kann nicht jeder die 100 Meter in zehn Sekunden laufen, Schachweltmeister oder Schönheitskönigin werden, den Nobelpreis gewinnen oder das Leben eines Milliardärs führen. Sind wir nicht alle irgendwie „Durchschnitt"?!?

Mal ganz ehrlich, was ist schlecht daran? Gar nichts!

Das Problem ist jedoch, dass kaum jemand Mittelmaß sein, noch dieses darstellen will. Daher prallen oftmals Wunsch und Realität hart aufeinander. Der glückliche Müllmann war dabei hoch intelligent: Er hat die Lücke zwischen Ansprüchen und Realität nahezu perfekt geschlossen.

Wer im Alter von 40 Jahren anfängt, Klavier zu spielen, wird mit größter Wahrscheinlichkeit nie ein Meister darin werden. Es fehlen dazu die vielen tausend Stunden diszipliniertes Üben in der Kindheit und Jugend. (10.000 Stunden Regel) Wenn das Spielen am Klavier dir aber einfach Freude bereitet und den beschriebenen Flow hervorruft, dann ist es egal, ob du Meister darin bist oder nicht. Es geht immer nur um die Verbesserung deiner eigenen Fähigkeiten, ungeachtet der Meinung anderer.

Und nicht zu vergessen: Viele auf den ersten Blick durchschnittliche Menschen sind doch zu großartigen Leistungen fähig. Dafür gibt es jede Menge hervorragende Beispiele.

Trotz allem Mittelmaß ist doch jeder etwas Besonderes. Es gibt jeden von uns nur einmal auf dieser schönen Erde. Irgendwann werden wir diese wieder verlassen müssen und dann geht auch etwas ganz Besonderes unwiderruflich verloren. Unser Wissen, die angeeigneten Fähigkeiten, unsere Gedanken und auch die Beziehungen zu anderen Lebewesen, sei es unser Lieblingskuscheltier, ob Hund oder Katze und natürlich zu allen Menschen, die wir mögen und lieben. Diese sind einzigartig für uns. Umgekehrt ist es ebenso und das ist gut so.

Beantworte folgende Fragen:

38. Was gibt mir Ruhe und Stärke in meinem Alltag?

39. Zu welchen Zeiten baue ich welches Ritual zukünftig in meinen Tagesablauf ein?

Eine Prise Münchhausen

Die Lüge ist ein Double, das die Wahrheit in gefährlichen Situationen vertritt.

*Wiesław Brudziński, *1920, †1996, polnischer Satiriker*

Hast du in letzter Zeit die Wahrheit etwas verbogen, wenn auch nur ein wenig? Nein? Dann dürfte es bald sehr einsam um dich werden. Es gibt nämlich wissenschaftliche Aussagen, dass Menschen pro Tag im Schnitt etwa 200 Mal lügen. Auch wenn diese Zahl recht hoch zu sein scheint:

Sagst du deiner Partnerin, Frau oder Freundin immer, dass du ihr neues Kleid hässlich findest? Sagst du deinem Partner, Mann oder Freund, dass er doch einige Kilos zu viel auf den Rippen hat? Oder lieber nicht?

Antworten wir beim Einstellungsgespräch auf die Frage, warum „wir gerade in diesem Unternehmen arbeiten wollen" mit „Ich brauche das Geld" oder doch lieber mit „Mich reizen die Herausforderungen gerade dieser Position"?

Menschen greifen jeden Tag zu kleineren oder größeren Notlügen. Diese haben sogar oft positive Auswirkungen auf unser Zusammenleben.

Es gibt eine einfache, sehr wirkungsvolle Regel, die da sagt: „Sage stets die Wahrheit, aber sage die Wahrheit nicht immer!" Das will so viel heißen, dass wenn du etwas sagst, es die Wahrheit sein sollte, aber du musst ja nicht immer alles erzählen! ;-)

Würden wir einigen unserer Mitmenschen offen sagen, was wir von ihnen oder ihrem Verhalten denken, käme es sicher oft zu verdeckten oder gar offenen Feindschaften. Auch wir selbst wären wohl ab und zu beleidigt, oder?

Natürlich bewundern wir insgeheim Menschen, die konsequent sind, zu sich stehen und dafür auch Widrigkeiten in Kauf nehmen. Eigenverantwortlich zu handeln und zu leben heißt immer auch, die Folgen des eigenen Handelns zu tragen. Das ist oft schwieriger als anfänglich gedacht.

Wir biegen uns die Realität so zurecht, wie wir sie haben wollen. Deine Realität kann eine andere Sicht der Dinge sein, als die deines Lebenspartners oder deiner -partnerin, Arbeitskollegen oder Nachbarn.

Unsere „Wahrheit" ist daher niemals „wahr", sondern immer nur eine persönliche, subjektive Sicht der Dinge.

Der Lügenbaron Münchhausen ist in diesem Zusammenhang ein schönes Beispiel: Er erzählt erfundene Geschichten, dass sich die Balken biegen. Am besten ist wohl diejenige, in der er und sein Pferd im Sumpf zu versinken drohen und der Baron beide durch Ziehen am eigenen Schopf wieder befreien kann.

Natürlich wissen wir, dass das physikalisch nicht möglich ist, deshalb verstehen wir diese Geschichte auch eher als eine Metapher:

Nur wer bereit ist, sich selbst zu helfen, seine Komfortzone zu verlassen, der wird überhaupt in der Lage sein, echte Erfolge zu erreichen. Wer hingegen über lange Zeit Hilflosigkeit sozusagen erlernt und sich damit arrangiert hat, wird immer Hilfe benötigen.

Solche Menschen finden oft sogar „Helfer", die sie in ihrer Hilfslosigkeit unterstützen. Das tun diese wiederum aber nicht aus Freundlichkeit, sondern eher um ihr EGO zu befriedigen.

Gelernte Hilflose finden irgendeinen ideellen Vormund, der ihnen sagt, wo es im eigenen Leben lang geht.

Viele Menschen empfinden diesen Zustand als angenehm, da er ihnen Sicherheit gibt. Sie fühlen Erleichterung darin, dass sie ihre Selbstverantwortung delegieren können, an wen auch immer.

So hat man dann auch gleich einen Schuldigen, wenn etwas nicht so läuft wie man das gerne möchte – ach, wie praktisch.

Beantworte folgende Fragen:

40. Lasse ich alle Dinge auf mich zukommen oder versuche ich, mein Leben aktiv zu gestalten?

41. Bin ich mit meinem jetzigen Leben zufrieden?

42. Wenn nicht: Was kann ich ändern?

Nur keine Angst

„Angst ist das Einzige, das sich schneller vermehrt als Kaninchen."

*Harold Vincent "Hal" Boyle *24.7.1911, †1.4.1974, Journalist, Pulitzer-Preis-Gewinner*

Der Eine sagt: „Schau, wie die Sonne lacht!". „Bestimmt über mich!" antwortet die Andere. Kennst du solche Menschen, die nur negativ denken? Oft sind sie dazu erzogen worden oder es wurde ihnen vorgelebt und sie haben aus ihrer subjektiven Sicht immer nur schlechte Erfahrungen gemacht.

Dabei ist eines klar: Angst gehört zum Leben einfach dazu und ist in vielen Fällen eine Schutzfunktion. Während das Limbische System im Gehirn bei normalen Menschen in emotionalen Stresssituationen mit Hochdruck arbeitet, bleibt dieses System bei Psychopathen ausgeschaltet. Bei der großen Mehrheit hingegen wird Angst aus Unsicherheit und Unklarheit geboren.

Wie sagt der Künstler *Andre Heller* richtig:

*Es gibt eine Angst, die macht klein,
die macht einen krank und allein,
und es gibt eine Angst, die macht
klug, mutiger, freier von
Selbstbetrug.*

Ängste sind schlechte Gefühle, die durch die ständige Umwälzung der immer selben negativen Gedanken erzeugt werden und sich verstärken. Dabei sind wir süchtig nach Sicherheit. Je unsicherer man wird, umso mehr sucht man nach Sicherheit. So entsteht eine Negativspirale, an deren Ende oftmals Panik steht. Dann wird es eng und dann ist meist therapeutische Hilfe angesagt.

Da stellt sich dann die Frage, wie man Angstgefühle selbst regulieren kann. Darauf gibt es eine sehr wichtige Antwort:

Handeln im Hier und Jetzt, <u>ohne</u> an die Konsequenzen zu denken!

Klar ist – wer an Konsequenzen denkt hat schon verloren. „Einfacher gesagt, als getan!" Ja, damit hast du natürlich recht. Sagen ist immer einfacher als TUN. Angst ist dabei die größte Barriere, um etwas zu tun.

Hast du Angst vorm Fliegen? Das haben die meisten Menschen. Hast du Angst, bei einer Prüfung zu versagen? Auch das ist durchaus ein Gefühl, welches du mit vielen anderen teilst. Selbst der Besuch beim Zahnarzt sorgt bei vielen unserer Zeitgenossen für negativen Stress. Das sind normale Belastungen im Leben.

Der Weg zum Therapeuten wird dann wichtig, wenn es heraus zu finden gilt, ob es vielleicht organische Ursachen für die Ängste gibt. Allein die Tatsache, dass jemand Hilfe sucht, wird den Weg zur Besserung ebnen.

Die Frage, ob einer Angst konkrete Ursachen zu Grunde liegen oder diese eine allgemeine Grundstimmung im Leben darstellt, ist nicht einfach zu beantworten. Überlasse die Entscheidung darüber ausgebildeten Ärzten, Heilpraktikern und Psychologen.

Du kannst deine Meinung nahezu immer offen aussprechen, solange du Schuldzuweisungen vermeidest. Sage deinem Gegenüber mit Ich-Botschaften, was dich bewegt und er/sie wird dir antworten, auch wenn dir mal die Antwort nicht passt. Dann besteht aber zumindest Klarheit.

Dieses wiederum führt oft zu einer besseren Einschätzung von schwierigen oder belastenden Sachverhalten. Das gilt sowohl für dich privat als auch im Berufsleben.

Hilfreich ist im übrigen das Denken in Wahrscheinlichkeiten. Du hast vielleicht Angst, durch die nächste Prüfung zu fallen. Doch was sagt deine Erfahrung? Wenn du in der Vergangenheit alle Prüfungen bestanden hast, dann ist bei entsprechender Vorbereitung damit zu rechnen, dass du auch beim nächsten Mal wieder erfolgreich bist.

Es gibt zwei Arten von Ängsten:

1. Die Ängste, die du nicht allein regulieren kannst, weil sie dich im Griff haben. Deine Körperchemie gerät, aus welchen Gründen auch immer, völlig aus dem Ruder und du benötigst Hilfe.

2. Die Ängste bei denen du „nur" mit den allgemeinen Schwierigkeiten des Lebens „kämpfst", was wir alle mehr oder weniger tun, also das sogenannte „ganz normale" Leben. Hier kannst du deine Sorgen und Pro-bleme durch Nachdenken und Handeln selbst in den Griff bekommen.

Bei der unter 2. genannten Angst schaffst du es oft, negativen Stress, sogenannten Disstress, in positiven „Eustress" zu verwandeln. Letzterer beflügelt Menschen, zeigt neue Wege auf und führt dazu, dass die Menschen sich weiterentwickeln.

Dann wirst du die Vorteile vom Handeln erfahren, wie dieser schöne Satz so wunderbar beschreibt:

Handeln. Dem Schicksal eine Richtung geben!

Werner Mitsch, Deutscher Aphoristiker, 1936-2009

Also „Mach es EINFACH – und dann – MACH ES einfach!" Du hast es in der Hand aus deinem Leben ein Meisterstück zu machen und eben dieses Leben jeden Tag neu für dich zu erfinden!

Stelle dir folgende Fragen:

43. Gehe ich Konflikten gern aus dem Weg?

44. Was kann ich besser machen?

_____

_____

_____

_____

_____

Dein wichtigster Partner

„Willst du deine Vergangenheit kennen, willst du wissen, was dich geschaffen hat, dann betrachte dich selbst in der Gegenwart, denn sie ist das Resultat deiner Vergangenheit. Willst du deine Zukunft kennen, dann betrachte dich selbst in der Gegenwart, denn sie ist die Ursache deiner Zukunft."

Buddha

Kennst du deinen wichtigsten Gesprächspartner? Nein? Du bist mit ihm 24 Stunden zusammen: Du bist es selbst. Manche Menschen halten Selbstgespräche für unsinniges Verhalten. Das Gegenteil ist der Fall, sie sind sogar sehr nützlich. Selbstgespräche zeigen auf, wenn man aus der persönlichen Komfortzone gefallen ist und es ein Pro-blem gibt, welches einen massiv beschäftigt. Das kann ein wichtiger Termin sein, den man nicht vermasseln will, ein privater Konflikt oder eine anstehende, wichtige Prüfung.

Entscheidend für Selbstgespräche ist die Bewertung dieser Situation durch dich selbst: Schaffe ich das? Was passiert, wenn ich den Anforderungen nicht gewachsen bin?

> *„Sprache ist die Verkleidung*
> *der eigenen Gedanken."*
>
> *Verfasser unbekannt*

Das mit den Gedanken ist so eine Sache: Wusstest du, dass wir Menschen im Schnitt 70.000 Gedanken pro Tag denken? Und davon sind in der Regel nur etwa 5 Prozent positiver Natur! Du erkennst schon die „Stellschraube", du musst es nur noch TUN.

Was meinst du, was dir eine Erhöhung der Prozentzahl positiver Gedanken bringen würde?

Aber du kennst das sicher auch: Du drehst und wendest ein Pro-blem in einem Selbstgespräch, immer dann, wenn du dich unbeobachtet fühlst. Denn du glaubst, auf diesem Weg mehr darüber zu erfahren, um dich zu vergewissern oder sogar eine Pro-blemlösung zu finden.

Entscheidend für die richtige Beantwortung ist allein eine Frage: Siehst du die Aufgabe, die dich so intensiv beschäftigt, als Herausforderung oder als Bedrohung an?

Ist es für dich eher eine Bedrohung...

...dann wirken Selbstgespräche oft als selbsterfüllende negative Prophezeiung: „Das habe ich noch nie geschafft und es wird mir auch dieses Mal nicht gelingen!" Solche Selbstgespräche sind absolut negativ und verschlechtern die Laune nur noch weiter. Mit dieser Geisteshaltung „programmierst" du den Misserfolg praktisch selbst.

Du kennst das vielleicht aus dem Sport. Jemand aus deinem Bekanntenkreis spielt im Training immer super gut. Geht es dann in einem echten Wettbewerb um Sieg oder Niederlage, dann verlieren diese „Trainingsweltmeister" sogar gegen schlechtere Spieler, weil sie ihre Nerven nicht unter Kontrolle haben und ihnen die Knie zittern. Sie können die Kraft gedanklich nicht umwandeln, weil sie möglicherweise ein Vorurteil über sich selbst abgespeichert haben: „Wenn es um etwas geht, versage ich meist!" Eine solche bewertende Vorverurteilung der eigenen Person kann nicht zum Erfolg führen.

Fatal kann es zusätzlich sein, an mögliche Konsequenzen zu denken. Stellst du dir gedanklich oder bildlich vor, die Konsequenzen könnten negativ ausfallen, fängst du vielleicht gar nicht erst an, dich vorzubereiten. Oder du nimmst eine Chance nicht wahr, weil du nur auf die Risiken fixiert bist.

So gerätst du aus dem inneren Gleichgewicht und störende Gedanken und Gefühle breiten sich mit Lichtgeschwindigkeit aus. Sicher ist, dass du, wenn du an die negativen Konsequenzen denkst, schon dabei bist zu verlieren! Dabei ist es völlig unsinnig, von negativen Auswirkungen auszugehen, da dich dies nur davon abhält, eine praktikable Lösung zu finden. Der gedankliche Tunnel lässt dich nicht die vielen anderen Wege drum herum sehen, die dich ans Ziel führen könnten.

Was ist, wenn du die Aufgabe als Herausforderung ansiehst?

Selbstgespräche sind nützlich, denn sie zeigen uns Probleme auf. Wir führen täglich sehr viele Gespräche mit uns, selbst, wenn diese nur gedanklich stattfinden. Denn wir bewerten ständig Personen oder Situationen darauf, ob sie uns gefallen oder eher abstoßen.

Die Frage ist also, wie wir Selbstgespräche so einsetzen können, dass wir das Positive daran nutzen können.

Eine wirklich gute Form des Selbstgesprächs ist Singen. Sing oder summ 15 - 20 Minuten nur um des Singens willen.

Scher' dich nicht darum, ob du ein guter oder schlechter Sänger bist und vermeide eine Beurteilung durch dich selbst. Habe einfach Freude am Singen oder Summen. Du wirst sehen, wie schnell deine Stimmung steigt.

Eine weitere positive Form des Selbstgesprächs ist die Autosuggestion. Unser Bewusstsein steuert nur einen sehr geringen Teil unseres Verhaltens.

Die allermeisten geistigen Vorgänge laufen in erlernten Routinen im Unterbewusstsein automatisch ab und entziehen sich unserer Ratio.

Sind die erlernten Glaubenssätze negativ (Beispiel: „Immer versage ich!"), wirst du wohl kaum Erfolg haben. Negative Gedanken setzen sich als Energieräuber in deinem Unterbewusstsein fest.

Doch jeder geistig gesunde Mensch kann sich mit positiven Selbstgesprächen „umprogrammieren", um eine bessere Einstellung zu sich selbst zu gewinnen und dementsprechend zu handeln.

Das Gute an unserem Denkapparat, dem Gehirn, ist nämlich, dass es immer lernt und sich sogar selbst neu programmieren kann.

Egal, wie viel schlechte Erfahrungen oder Defizite du aus der Vergangenheit mitbringst, sie können quasi immer überschrieben und somit ausgeglichen werden.

Jeder Erwachsene ist dazu in der Lage, seine Geisteshaltung zum Positiven zu verändern.

Wenn du magst, dann nutze folgende kleine Übung, die du ganz einfach in dein zukünftiges Leben integrieren kannst. Nochmal zur Erinnerung: Mit dem was du denkst, steuerst du dein Leben. Ein Mensch wird zu dem, was er denkt! Also – magst du?

Gut, hier ist die kleine Übung mit großer Wirkung! So kannst du negative Glaubenssätze mit der Zeit umwandeln und dich besser auf die „richtigen" Handlungen fokussieren. Die Sätze, die du gleich liest, sind nur Beispiele, die du gern nach deinem Bedarf ergänzen oder verändern kannst, damit es für dich wirklich passt! Wichtig ist, dass du sie täglich mindestens 20 Mal (= 1 Block) nacheinander laut für dich selber sprichst. Diesen Block solltest du am Tag mindestens dreimal wiederholen.

Hier sind also die Beispiele für deine Autosuggestion:

> ➢ Ich lasse alte Programme und alle Gedanken los, die mich daran hindern glücklich zu sein.
> ➢ Ich bin selbstbewusst und voller Tatendrang.
> ➢ Mein Unterbewusstsein ist stets offen für positive Veränderungen in meinem Leben.
> ➢ Ich bin voller Zuversicht und glaube fest an die Erfüllung meiner Wünsche und Ziele.
> ➢ Alles Vergangene ist vorbei. Ich lebe im Hier und Jetzt und gestalte meine schöne Zukunft.
> ➢ Mein ganzer Körper, mein Geist und mein Unterbewusstsein arbeiten optimal für mich. (16)
> ➢ Leben macht Spaß!

Du wirst sehen, dass die Stärkung deines Selbstbewusstseins dazu führt, dass es dir Tag für Tag besser geht! Probiere es einfach aus, du hast kein Risiko!

Beantworte folgende Fragen:

45. Wenn ich Selbstgespräche führe: Haben diese eher negative oder positive Inhalte und warum?

46. Sollten diese überwiegend negativ sein: Wie kann ich meine
    Gefühlswelt durch Autosuggestion oder andere Mittel verbessern?

Staunen bereichert mein Leben

Staunen ist der Same des Wissens!

Francis Bacon, * 28. Oktober 1909 in Irland; † 28. April 1992, britischer Maler, gehört zu den bedeutendsten gegenständlichen Malern des 20. Jahrhunderts.

Wir möchten dir eine wahre Geschichte erzählen. Es ist eine ganz kleine, ganz unscheinbare Begebenheit, die uns aber beeindruckt hat, immer wieder beschäftigt und uns wohl bis ans Lebensende begleiten wird.

Vor fast zwanzig Jahren hat Michael ein Haus im Grünen gebaut. Direkt am Rand der Stadt. Er brauchte nur 20 Meter zu gehen und war schon mitten in der Natur. Gleich vom ersten Winter an hat er es sich angewöhnt, den Vögeln Futter zu geben. Meisen, Spatzen, Rotkehlchen, Eichelhäher und einige Arten mehr zählen seit dieser Zeit zu seinen Essensgästen. Er freute sich jedes Jahr, diesen freundlichen, scheuen Lebewesen ein wenig über den harten Winter zu helfen.

Er hat gleich mehrere Futterplätze eingerichtet, damit die größeren und die kleinen Vögel etwas zu Fressen finden und nicht streiten müssen, wenn es kalt, der Boden hart und der Wind unangenehm ist. Manchmal stritten sie natürlich doch über das Futter, aber er versuchte, ihre Futterstelle so reich wie möglich mit Sonnenblumenkernen und anderen fettreichen Leckereien zu decken.

Jahre später beginnt seine Geschichte an einem warmen Tag im Frühling. Er freute sich über die Sonne, las ein Buch, trank ein Glas Wein und ließ es sich einfach gut gehen. Die Vögel zwitscherten aufgeregt, Blumen und Pflanzen blühten. Es roch schon ein wenig nach Sommer. Eine perfekte Stunde, um die Seele baumeln zu lassen!

Da sieht er im linken Augenwinkel eine Amsel, die ihn neugierig beäugt. Erst erstarrt sie, dann nähert sie sich mit flinken Trippelschritten. Sie macht eine Pause und schaut ihn an. Trippelt und erstarrt. Dieses Spiel wiederholt sich mehrfach. Er tut so, als hätte er sie nicht gesehen und ignoriert sie.

Er denkt, sie wird wohl irgendwann in zwei bis drei Meter Entfernung an ihm vorbeilaufen und dann in den Büschen verschwinden, wie das oft passiert, doch diesmal ist es anders.

Die Amsel mustert ihn neugierig und er schaut sie auch kurz an. Dann tut er so, als würde er weiterlesen. Er will ihr das Gefühl vermitteln, dass von ihm keine Gefahr ausgeht.

Dann passiert etwas, das er wirklich zu den schönsten Ereignissen seines Lebens zählt und wenn er heute daran denkt, bekommt er immer noch Gänsehaut.

Die Amsel kommt weiter näher, bis sie keine zwei Meter vor ihm steht, den Kopf leicht geneigt und aufmerksam zu ihm hochschauend. Sie steht mitten in den Büschen, die er zum Sichtschutz vor Jahren angepflanzt hatte. Sie schaut ihn gefühlt minutenlang an und setzt sich zum Ausruhen direkt vor ihn hin. Sie ist nun ganz nah, vielleicht einen guten Meter und scheint doch keinerlei Angst vor ihm zu haben.

Im Gegenteil, sie scheint fast wissen zu wollen, was der Mensch da so Merkwürdiges treibt. So beobachtet sie ihn unablässig, ohne irgendwelche Vorbereitungen für eine schnelle Flucht zu treffen. Er blickt sie an und tut weiter desinteressiert, obwohl er weiß, dass dies ein besonderer Moment ist.

Irgendwie scheinen die beiden durch ein unsichtbares Band verbunden und haben die stillschweigende Übereinkunft getroffen, die Gegenwart des anderen zu genießen.

So geht das Spiel eine Weile, etwa eine Viertelstunde, bis die Amsel ihren Kopf hebt, ihn ein letztes Mal anschaut und sich dann wieder auf den Weg macht.

So etwas hatte Michael bis dahin noch nie bei einem Wildvogel erlebt und ihm wurde klar, dass die meisten Tiere intelligent sind und über Empfindungen verfügen. Michael hatte das Gefühl, dass sich die Amsel für die Fütterung im Winter bedankt hat. Selbst wann das nicht stimmen sollte, so war dieses Erlebnis, so unbedeutend es für die Welt auch war, für ihn etwas ganz Besonderes.

Michael ist bewusst geworden, dass es diese kleinen Dinge im Leben sind, die uns zum Staunen bringen. Ereignisse, die uns zeigen, dass es mehr zwischen Himmel und Erde gibt, als wir normalerweise sehen.

Viel mehr. Solche Momente rufen die Art von Staunen hervor, bei der ein wenig Ehrfurcht mitschwingt. Momente, in denen man sich fast kindlich freut, weil etwas uns im Innersten berührt hat. Diese Freude, dieses Staunen sind ein wichtiger Quell der Neugier.

Es gibt so viel zu entdecken, wenn du den Dingen Raum zur Entwicklung gibst. Der „Zufall" braucht Zeit, um zu passieren. Es gibt unglaublich viel zu sehen, zu erleben und zu genießen!

Ganz egal ob das eine Amsel ist, der Geruch einer frisch gemähten Wiese oder die harte, rissige Rinde eines Jahrhunderte alten Baumes. „Nimm dir die Zeit, den Duft der Rose zu genießen!". (17)

Beantworte folgende Fragen:

47. Welches wunderbare Erlebnis, hat mich zum Staunen gebracht?

48. Was möchte ich gerne noch erleben?

Gefährliche Selbstsabotage

Ein bewusst, zumeist über einen längeren Zeitraum selbst herbeigeführtes Unglück

Michael May

Manche Menschen erweisen sich selbst oft als ihr ärgster Feind. Indem du versuchst, Negatives zu vermeiden, vollziehst du teilweise Handlungen, die dir schaden.

Dies zieht Ärger und schlechte Gefühle nach sich. Vieles, das du dir mühsam aufgebaut hast, droht wieder kaputt zu gehen.

Vielleicht erinnerst du dich noch an einen bekannten Fußballtrainer der Bundesliga. Ihm wurde vorgeworfen, in einen Drogenskandal verwickelt zu sein, worauf er wider besseres Wissen die gerichtsmedizinische Untersuchung seines Haares auf Drogen der Öffentlichkeit bekannt gab.

Dies tat er in dem Glauben: „Diese Untersuchung wird meine Unschuld beweisen." Doch es kam anders. Die Probe war positiv und deckte den Kokainkonsum des Fußballtrainers auf. Daraufhin wurde er kurzfristig entlassen. Das ist ein typischer Fall von Selbstsabotage.

So gibt es fünf Grundarten der Selbstsabotage: (18)

1. Es trifft nur die Anderen.

Das denkst du vielleicht beim Lesen von Todesanzeigen: Diese Dinge sind weit weg und betreffen dich kaum, es sei denn, du kanntest die verstorbene Person. Dir passiert so etwas schon nicht. Die Gefahr des Verlustes wird von den meisten Menschen mehr oder weniger stark verdrängt. Warum leiht man einem Bekannten Geld, obwohl man ahnt, dass man diesen Betrag niemals zurückbekommen wird? Warum investieren Menschen Zeit, Geld und Energie in ein voraussichtlich zum Scheitern verurteiltes Projekt?

Weil sie Angst vor Gesichtsverlust haben und bis zum bitteren Schluß glauben, alles noch zu einem guten Ende bringen zu können. Dabei gilt: „Wirf schlechtem Geld kein gutes hinterher". Steig lieber aus solchen Vorhaben aus, solange es noch geht. Kümmere dich nicht darum, was andere dazu sagen! Sie müssen den Verlust ja nicht tragen.

2. Stürzen kurz vor dem Ziel

Der englischen Fußballnationalmannschaft hängt der Ruf an, in wichtigen Wettbewerben im Elfmeterschießen zu verlieren. Sie kommen so weit, haben die Verlängerung überstanden und dann versagen die „teuren" Spieler beim finalen Elfmeter. (Bei der simplen Sache, einen kleinen Ball ins riesige, fast leere Tor zu schießen.)

Auf einmal zittern die Knie und der Torwart kann ihre Versagensangst fast rie-chen. Da ist das Ziel so nah und dann wird alles vermasselt, weil sie nicht mit dem ungeheuren Druck umgehen kön-nen, den sie sich selbst bereiten.

Die Fußballer wollen alles richtig machen und anstatt sich auf den Schuss zu fokussieren, sind sie plötzlich überfordert. Der Kopf ist auf einmal voll von wirren Gedanken und Bildern der Niederlage. Das ist eine klassische, sich selbst erfüllende negative Prophezeiung. Nur mit der gedanklichen Vorstellung des Sieges ist ein Erfolg überhaupt erst möglich. Doch die Schützen fühlen sich von der Masse der Zuschauer erdrückt und beurteilt, verkrampfen und versagen. Die Angst vor dem Misserfolg führt zur Erfolglosigkeit. Auch hier gilt der Grundsatz: Konzentrieren, den Kopf leeren und vom Erfolg ausgehen.

3. Schrittweise Selbstzerstörung

Gemeint ist das Übermaß an Essen, Trinken und Rauchen: Obwohl den Betreffenden klar ist, dass sie sich schaden, verschaffen sie sich durch den unüberlegten Mehrgenuss Fluchten aus der Realität – möglicherweise mit der Konsequenz, gesundheitlich dafür bestraft zu werden.

4. Selbst-Handicap

Menschen wollen geliebt werden und sich selbst achten. Diese Selbstachtung kann groteske Züge annehmen, wenn man um jeden Preis auch Niederlagen in Siege umdeuten will. Die Gründe für ein Scheitern werden sozusagen ausgelagert. Es wird also jemand oder ein Umstand gefunden, der dem Versagen Rechnung tragen soll.

„Ich hätte die Stelle ja bekommen, wenn ich an diesem Tag nicht krank gewesen wäre." Natürlich kann man erkranken und ein Bewerbungsgespräch nicht wahrnehmen. Wenn man das Gespräch trotz Krankheit wahrnimmt und den Job nicht bekommen hat, wird die Erkrankung als Entschuldigung genutzt, um nicht selbst schuld an dem Ergebnis zu sein. Man sei gehandicapt gewesen, sonst hätte es geklappt, bestimmt!!!

Um jeden Preis soll das Gesicht gewahrt werden, um Kritik zu vermeiden und die Selbstachtung nicht zu beschädigen. Insbesondere Menschen, die in der Öffentlichkeit stehen und sich intensiv mit dem eigenen Selbstwert beschäftigen, neigen zu solchen Handicaps, um vermeintliche Ansehensverluste in jedem Fall zu vermeiden.

5. Brinkmanship

Unter Brinkmanship wird das waghalsige Verhalten mit der Tendenz zur Selbstzerstörung verstanden, wenn der erklärte Gegner durch dieses Verhalten massiv beschädigt oder gar vernichtet werden kann.

Auch hier geht es hier wieder darum, das Selbstwertgefühl nicht in Gefahr zu bringen, auch wenn dazu ein bizarres Verhalten nötig ist. Es ist eine Art Rache für frühere Verletzungen, in der Jugend, durch die Eltern oder in der Partnerschaft.

Vielleicht kennst du den Film „Der Rosenkrieg", in dem ein Ehepaar solange streitet und wütet, bis das gemeinsame Haus in Schutt und Asche liegt. Für Außenstehende ist dieses Verhalten völlig unverständlich, denn es gibt keine erkennbare Logik.

Fazit: Bei allen Formen der Selbstsabotage geht es um die Sicherung des Selbstwerts und der Selbstachtung, die um jeden Preis, bis hin zur eigenen Zerstörung, geschützt werden sollen.

Dass dieses Verhalten durchaus krankhafte Züge beinhaltet, ist deutlich erkennbar. Menschen mit dieser Verhaltensweise würden einen Gesichtsverlust niemals hinnehmen. Viele Menschen wollen einfach nicht der Realität ins Auge schauen und sich von anderen bewerten lassen, denn das könnte ja unangenehm sein.

Selbstsabotage ist weit verbreitet und äußert sich oft in „Aufschieberitis", bei der die Angelegenheiten so lange umgangen, verdrängt oder aufgeschoben werden, bis Konsequenzen drohen.

Beantworte folgende Fragen:

49. Habe ich mich schon mal selbst sabotiert?

_____

_____

_____

_____

_____

50. Wenn ja, wie und wo könnten die Ursachen dafür liegen?

_____

_____

_____

_____

_____

51. Wie kann ich zukünftig dieses Verhalten abstellen?

Die Gegenwart leben

„Ich interessiere mich sehr für die Zukunft, denn ich werde den Rest meines Lebens in ihr verbringen"

Charles F. Kettering, Wissenschaftler und Philosoph

Wir Menschen lieben unsere Komfortzone. Dort ist alles vertraut. Wir bewegen uns mit schlafwandlerischer Sicherheit in Situationen, in denen wir schon hunderte oder tausende Mal das immer Gleiche getan haben.

So gibt es begnadete Redner, für die jede Rede einen Spaß darstellt, den sie genießen. Anderen dagegen graust es vor mehr als fünf Menschen zu sprechen. Es kommt auf den individuellen Erfahrungshintergrund und die persönliche Mentalität an. Jeder empfindet Anforderungen anders.

Was aber passiert, wenn es zu uns bisher nicht bekannten Vorfällen oder Situationen kommt?

Nachfolgend ein Beispiel: Stell´ dir einen Autofahrer vor, der nachts wie gewöhnlich nach Hause unterwegs ist. Er denkt vielleicht an seine Familie, freut sich auf den morgigen Tag oder hört einfach nur Musik. Dass er das Auto selbst fährt nimmt er gar nicht mehr bewusst wahr. Alle Tätigkeiten wie Kuppeln, Bremsen oder Gas geben sind voll automatisiert, weil tausendfach geübt und immer und immer wieder ausgeführt.

Unser Fahrer fährt in einem vertrauten Modus und fühlt sich vollkommen sicher. Dann passiert es: Ein Tier springt auf die Straße, der Fahrer schreckt auf, versucht auszuweichen, kommt von der Straße ab und überschlägt sich. Von einem auf den anderen Augenblick gerät der Fahrer aus einem vermeintlich sicheren Zustand ins Chaos. Er hatte kein Programm für einen solchen Notfall im Kopf gespeichert, welches ihn vor dem Unfall hätte bewahren können.

Wenn wir wirklich etwas Gutes erreichen wollen, dann gilt für uns alle: Wir müssen genau in dem Moment voll da sein, wenn etwas geschieht. Vorher nutzt es nichts, hinterher auch nicht. Das eigentliche Geheimnis ist, genau zum benötigten Augenblick oder zur Erledigung einer wichtigen Aufgabe die eigene Bestleistung abzurufen. Dazu muss der Geist geschult werden oder wie man so schön sagt: Du musst mental gut drauf sein. Wie das geht?

Hier ist ein Beispiel aus dem Sport sehr hilfreich: Wer mental stark sein will, muss zunächst konkrete Ziele formulieren. Darauf folgt dann systematisches Training, das ständige Wiederholen entsprechender Trainingseinheiten und natürlich immer wieder die Kontrolle, ob wir unsere selbst gesteckten (Zwischen-) Ziele erreichen.

Nur dann sind wir in der Lage, unser großes definiertes Ziel wirklich Realität werden lassen zu können.

Das gilt für alle Sportarten, egal ob beim Laufen, Springen, Schwimmen, Rad fahren oder Mannschaftsportarten wie z. B. Fußball. Dabei geht es uns wie einem Bergsteiger: Um den Gipfel zu erklimmen, muss dieser viele kleine Schritte machen, geplante Wege gehen und manchmal sogar die Route ändern. Dabei schaut er nur ab und zu nach oben zum Gipfel, denn sonst läuft er Gefahr, einen Fehler zu machen und das Ziel aus den Augen zu verlieren. Die vielen kleinen Schritte und die eingeübte Routine lassen ihn dann erfolgreich sein Ziel erreichen. (19)

„Das ist aber langweilig", meinst du, „es muss doch schnellere und bequemere Wege geben". Glaubst du, man kann Prüfungen erfolgreich bestehen und Top-Leistungen erbringen, ohne entsprechend trainiert zu sein? Nein, auch hier gilt: Ohne Fleiß – kein Preis! Eine Erfolgsgarantie gibt es nicht – wie immer im Leben.

Aber die Wahrscheinlichkeit des Erfolgs steigt deutlich, wenn du ihm lächelnd und gut vorbereitet entgegengehst.

Wenn du nicht genau weißt, ob dir überhaupt zum Lachen zumute ist, weil du in der Vergangenheit viel Negatives im Berufs- und Privatleben erlebt hast, dann sollte die nächste

Seite zu deiner Lieblingsseite werden, denn es wird Zeit, einmal die Bilanz deines bisherigen Lebens zu ziehen. Sei gespannt was dabei herauskommt:

Die Bilanz meines Lebens...

Heute habe ich Bilanz gezogen:

Bitte nimm dir 10 Min. Zeit und schreibe alle Dinge auf, die in deinem Leben bisher positiv oder negativ waren! Sollte das Blatt nicht ausreichen, so verwende bitte ein eigenes:

Positiv	Negativ

Ich . . . . - . . . . !

Ist deine Liste komplett? Erst dann bitte weiterlesen auf der nächsten Seite!

Ganz egal, wie deine Bilanz auf Seite 155 aussieht, ob ganz viel auf der linken oder der rechten Seite steht. Mache einfach einen dicken Strich darunter und ergänze die unterste Zeile mit folgender Überzeugung:

Ich akzeptiere den Ist-Zustand!

Denn es ist völlig egal, wie auch immer dein Leben bisher verlaufen ist, es hat dich bis hierhin gebracht. Sei dankbar dafür! Doch alles, was war, ist vorbei, unbedeutend, ob es positiv oder negativ war. Du kannst es nicht mehr verändern!

Du solltest die Dinge so nehmen, wie sie kommen. Und du solltest selbst dafür sorgen, dass die Dinge so kommen, wie du sie nehmen möchtest!

nach Curt Goetz, Regisseur, Drehbuchautor, Autor und Schauspieler, 17.11.1888-12.09.1960

Ein Tipp: Die Bilanz deines Lebens kannst du jederzeit ziehen, wenn dir danach ist. Wenn du magst, sogar an jedem einzelnen Tag deines Lebens. Dafür bedarf es noch nicht einmal eines Zettels, also „Mach es EINFACH – und dann – MACH ES einfach!" (1)

Der bekannte alte Spruch „Jeder ist seines eigenen Glückes Schmied" wird heute von Mentaltrainern, für erfolgreiche Sportler, Unternehmer und Manager in erstaunlicher Wiese umgesetzt. Nur wer sich darauf fokussieren kann, im richtigen Moment die beste Leistung abzurufen, ist mental „gut drauf".

Ein Geist, der ständig von einem Gedanken zum anderen springt, verursacht nur Unruhe und der Misserfolg ist vorprogrammiert. Machen wir hierzu noch einen kleinen Ausflug in unsere Gedankenwelt.

Es gibt drei Ebenen unseres Geistes:

1. **Das Bewusstsein** – die oberste Ebene, die wir oft größer einschätzen als sie wirklich ist, unser eigentliches ICH

Wie bei einem Eisberg macht die sichtbare, bewusste Oberfläche unseres Geistes nur einen sehr kleinen Teil aus. Unser Bewusstsein ist beispielsweise für Analyse und Planung zuständig.

2. **Das Unterbewusste** – die mittlere, uns verborgene Ebene von Erfahrungen, Beobachtungen und unzähligen Regeln

Unter der Oberfläche verbirgt sich unser riesiges Unterbewusstsein. Dort werden Erfahrungen und Beobachtungen gesammelt, wodurch unser Bild von der Welt entsteht. Wir können, ohne an Regeln auch nur zu denken, Gespräche führen oder so ein wackeliges Ding wie ein Fahrrad fahren.

Wir führen alle Befehle, Regeln und „Programme" stets unbewusst aus, die uns z. B. Sprechen und das Fahrradfahren ermöglichen. Diese haben wir durch ständiges Training erlernt und abgespeichert.

Das Unterbewusstsein reagiert blitzartig in unglaublicher Geschwindigkeit – wenn ein passendes Programm hinterlegt ist. Bei dem auf Seite 152 genannten verunglückten Autofahrer gab es für die Situation mit dem Tier kein passendes, unterbewusst trainiertes Programm, so konnte er nur versagen.

3. **Das Angeborene** – die elementare Ebene wie Atmung oder Herzschlag

Das sind Dinge die uns von Geburt an mitgegeben wurden. Diese lebensnotwendigen biologischen Vorgänge laufen quasi vollautomatisch ab und wir haben keinen direkten Einfluss darauf. Stell' dir vor, du müsstest dir bewusst mehr als 20.000 Mal am Tag sagen: „Atme ein – atme aus...". Dazu gehören auch das Wachsen der Haare, die Erneuerung der Haut und die Funktion des Kreislaufes.

Fazit: Wenn du in der Lage bist, dich zu fokussieren und wenn es nötig ist, zu entspannen wann immer du magst und zielgerichtet deinen Weg zu beschreiten, dann steht dir die Welt offen.

„Es ist der Geist, der sich den Körper baut!"

Friedrich von Schiller, ein großer dt. Dichter, 1759-1805

Die zentrale Steuereinheit, der Kopf, ist optimistisch auf die Lösung aller anstehenden Probleme vorbereitet.

Stell dir diese Fragen:

52. Kann ich mich gut konzentrieren oder neige ich zum „Verzetteln"?

53. Bin ich vorbereitet, wenn es darauf ankommt oder lasse ich die Dinge auf mich zukommen?

Die Sicherheitsbindungen

*„Ein Freund ist ein Mensch,
der da ist, wenn man ihn
braucht und der vor allem
nicht da ist, wenn man ihn
nicht braucht"*

Jean Gabin, Schauspieler, 1904-1976

Wie viele „richtige Freunde" hast du? Welchen Stellenwert hat die Familie für dich? Mit wem würdest du dich wirklich über alles unterhalten? Können soziale Netzwerke Unterstützung in schwierigen Zeiten geben, in denen du dich schwach, unter Druck gesetzt und ausgepowert fühlst? Mit wem würdest du durch Dick und Dünn gehen? Wer würde dasselbe für dich tun?

Wie du diese Fragen auch beantwortest, in schwierigen Zeiten sind Sicherheitsbindungen, also ein belastbares Netz aus Familie, Freunden und guten Bekannten besonders wichtig. Belastbar deshalb, weil sich Menschen oft zurückziehen, wenn man einen beruflichen Misserfolg erleidet, krank wird oder andere, größere Probleme auftauchen. Dann zeigt sich, wer wirklich zu dir hält.

Machen wir uns nichts vor: Die Zahl der Menschen, denen wir wirklich vertrauen können ist wahrscheinlich an weniger als zwei Händen abzählbar.

Interessant ist aber auch die Frage, wie viele andere Menschen dir vertrauen oder dich um Rat fragen würden.

Persönliche Dinge oder vermeintlich Peinliches offenzulegen traut sich nur, wer weiß, dass diese vertraulichen, intimen Informationen auch wirklich vertraulich bleiben und nicht irgendwann gegen dich verwandt werden.

Die Qualität der Beziehung zu lieben Menschen deines Vertrauens wird zukünftig noch entscheidender sein, als du es dir heute vorstellen kannst, denn dein persönliches Wohlergehen wird davon erheblich beeinflusst.

Krisen kommen oft unerwartet und können dich massiv aus der Bahn werfen. Du bist als Einzelner dann häufig nicht in der Lage, diese allein zu bewältigen!

Denke einfach ans Kino: In vielen Filmen wird das hohe Lied des einsamen Helden gesungen, der sich unbeirrt und allein gegen alle Widerstände durchsetzt. Am Ende fährt dieser oft allein im Licht der Abendsonne davon.

Da der Mensch aber ein geselliges Wesen und kein einsamer Wolf ist, dürften solche Helden im wahren Leben eher „arme Hunde" sein. Möglicherweise sind sie sogar beziehungsunfähig.

Menschen ohne den Rückhalt vertrauter Beziehungen sterben statistisch gesehen deutlich früher als Menschen mit sozialen Sicherheitsbindungen. (20)

Beziehungen zu pflegen kostet Zeit, benötigt Geduld, fordert manchmal Verzicht auf Eigennutz und nicht zuletzt eine gewisse Portion Nachsicht! Empathie zu empfinden, ist eine der wichtigsten Voraussetzungen für gelungene Beziehungen.

Jeder Mensch hat Stärken und Schwächen, die es zu akzeptieren gilt. Wer aber die Schwächen des anderen offenlegt, wird sich damit sicher keine Freunde machen.

In manchen Situationen ist es jedoch wichtig, einmal im „Vier-Augen-Gespräch" reinen Wein einzuschenken. Das Eine vom Anderen trennen zu können ist nicht einfach.

Es bedarf dazu eines gewissen Taktgefühls. Diese empathischen Fähigkeiten lassen sich üben und verbessern. Wir alle sind ohne Doktortitel auf die Welt gekommen. Wer mit seinen Mitmenschen freundlich umgeht wird im Gegenzug meist ähnlich freundlich behandelt werden.

„Wie du in den Wald hinein rufst, so schallt es auch heraus."

Dazu gehören auch Fragen der menschlichen Beziehung und der Kommunikation. Wer anderen sagt: „Du bist Schuld..." – an was auch immer – wird keine Freunde gewinnen.

Wer hingegen sagt: „Ich nehme das so und so wahr..." – erreicht oft das gewollte Ergebnis, braucht dabei andere aber nicht vor den Kopf stoßen. Ich-Botschaften vermeiden Schuldzuweisungen, erlauben aber dennoch die klare Ansprache von Problemen oder unangenehmen Dingen.

Vielleicht hast du auch schon die nachfolgende Erfahrung gemacht?! Von hundert Menschen, die du persönlich kennenlernst, werden vielleicht ein oder zwei zu Personen deines Vertrauens.

Mit den allermeisten pflegst du einen für beiden Seiten angenehmen Umgang. Zu einer richtigen, auch mal belastbaren Freundschaft kommt es bei dieser Gruppe eher nicht, da jeder vorrangig seine eigenen Interessen verfolgt.

Bei den verbleibenden zwei, drei Menschen stimmt die Chemie gar nicht und man geht sich einfach aus dem Weg.

Es geht im Leben daher nicht um die Menge (5.798 Kontakte im Netzwerk X,Y,Z), sondern ausschließlich um die Güte der Beziehungen!

Wer dies erkennt, seine Beziehungen dauerhaft „pflegt" und seine Mitmenschen mit allen Vorteilen und Nachteilen akzeptiert, dürfte es in schwierigen Zeiten einfacher haben als einsame Wölfe. Anerkennung durch persönlich „wichtige" Menschen macht auch einen beträchtlichen Teil deines Selbstbewusstseins aus. Du bist dann weniger anfällig für körperliche oder seelische Leiden. Ein positives Selbstbild ist die Voraussetzung für ein gelungenes Leben.

Beantworte diese Fragen:

54. Welche Menschen sind mir „wirklich" wichtig?

55. Wie pflege ich die Beziehungen zu diesen Menschen?

56. Was kann ich ab jetzt noch besser machen?

Den Rucksack packen

„Leben ist das, was passiert, während du dabei bist, andere Pläne zu machen.“

John Lennon, ein begnadeter Musiker, „The Beatles“, 09.10.1940-08.12.1980

Seit dem Zeitpunkt deiner Zeugung begibst du dich auf eine lange, abenteuerliche Reise. Wo der Weg hinführt, weißt du nicht. Deine Eltern haben dir hoffentlich das notwendige Rüstzeug für einen gelungenen Start ins Leben mitgegeben: Liebe und Geborgenheit, aber auch allmähliches Loslassen und die Stärkung des Vertrauens in deine Fähigkeiten.

Die Wanderung durch dein Leben wird dich über Höhen und Tiefen führen. Gerade in schwierigen Zeiten ist der Weg oft nicht zu sehen oder es gibt Kreuzungen, vor denen du stehst und nicht weißt, welches der richtige Weg ist.

Wenn du dann die Orientierung verlierst, gerätst du schnell in Gefahr. Deshalb halte ab und zu inne, um deinen inneren Kompass neu auszurichten, deinen roten Faden wieder zu finden.

Für deine Wanderung benötigst du wenige, dafür aber unverzichtbare Dinge. Nimm z. B. eine Wanderung in den Bergen als Gleichnis:

Du brauchst viel Wasser, Nahrung, feste Schuhe und für alle Wetter geeignete Kleidung; bei hohen Bergen ein Klettersteigset oder Sicherungsseil, einen Satz Sicherungshaken und einen Helm. Das war´s!

Diese wenigen Dinge kannst du sicher bei dir tragen. Nicht zu vergessen die notwendige körperliche und geistige Fitness für die Zeiten erhöhter Anforderung.

Egal, ob du noch „jung und knackig" bist oder es bei dir „nur noch" knackt, deinen persönlichen Lebensrucksack kannst du jederzeit packen. Es ist nie zu spät. Folgende Dinge gehören in diesen Rucksack:

1. Gute Kondition

erlangst du durch regelmäßige, manchmal sicher auch anstrengende Bewegung. Laufe, fahre Fahrrad, gehe spazieren, mache „Sport" oder arbeite im Garten. Denn Trägheit lässt Hirn und Muskeln schrumpfen. Mach es einfach!

2. Geistige Beweglichkeit

Gilt es durch ständiges Lernen zu verbessern. Beobachte deine Umwelt, unterhalte dich mit anderen Menschen und versuche dich an neuen Aufgaben.

3. Körpereigene Drogen

Suche dir deine „Lieblingsdrogen" auf den Seiten 61 bis 69 aus und nutze sie für deine persönliche Entwicklung.

4. **Konzentration**

auf jeweils nur den nächsten Schritt. Lebe im Hier und Jetzt. Grübele nicht über die „Fehler" der Vergangenheit nach. Mache dir keine Sorgen um die Zukunft.

5. **Freude**

an deinem Tun und deinen Fähigkeiten. Sei stolz auf dich, auch wenn es mal nicht gut läuft. Höhen und Tiefen sind die Begleiter des Lebens. Wer sich selbst klein macht, verliert die Lust am Leben.

6. **Neugierde**

bei der Erkundung deines Weges. Versuche dein Glück nicht zu erzwingen. Achte auch auf die unscheinbaren Dinge, so findest du deinen Weg fast automatisch.

7. **Kameraden**

die mit dir wandern. Das sind richtige Freunde für das Leben. Kümmere dich um deine Familie und die lieben Menschen, die dir wirklich wichtig sind und dir gut tun.

8. Achtung

für das Leben und deine „Mitwanderer". Sei für deine Familie und Freunde da, wenn sie dich brauchen. Reagiere auch auf stille Hilferufe. Nicht jeder spricht seine Nöte von selbst an.

9. Rüstzeug

für „schlechtes Wetter", denn Krisen können immer kommen. Unfälle, Krankheit, Arbeitslosigkeit, Trennung von Partnern und vieles mehr gehören zum Leben einfach dazu. Ziehe dich nicht in dein Schneckenhaus zurück, sondern bewahre dir stets eine gehörige Portion Humor, um deine Lebensfreude zu stärken.

Fazit: Wenn du die Punkte 1 bis 9 beachtest, wirst du gute Chancen haben, auch die großen Pro-bleme deines Lebens zu meistern.

Das Leben gleicht einer großen, andauernden Wanderung. Eben scheint noch die Sonne und alles ist in Ordnung. Dann wechselt das Wetter und Blitzschlag, Hagel, Steinschlag versuchen deinen Weg unbegehbar zu machen. Das kann dich plötzlich und hart treffen.

Du kennst das vielleicht auch: Ein geliebter Mensch erkrankt ernsthaft oder du verlierst ihn sogar für immer. Dein Job ist plötzlich weg und finanzielle Probleme treten auf.

Mit dem vorgenannten, gepackten Rucksack für's Leben steigt die Chance zur Erreichung deiner selbstgesteckten Ziele erheblich, auch wenn du den Pfad manchmal verlassen und neue, bessere Wege finden musst.

Möglicherweise wird ganz oben auf der Karriereleiter die Luft doch zu dünn oder du meidest aus Angst die hohen Berge, obwohl gerade diese doch die beste Aussicht versprechen. Dann macht es immer Sinn, die eigenen Ziele zu überdenken...

Übrigens: Geld wurde bisher kaum erwähnt, wie du wahrscheinlich bemerkt hast. Es gibt unzählige Bücher darüber, wie man angeblich schnell reich werden soll. Viele möchten Millionär werden, während andere jeweils nur einen Euro mehr in der Geldbörse haben wollen als sie benötigen. Ohne Geld ist ein Leben sicher schwierig, wer aber nur ans Geld denkt, wird durch diese Fixierung eher keines bekommen.

Geld ist bei vielen erfolgreichen Menschen reichlich vorhanden, aber lediglich ein wunderbares Nebenprodukt. Viel Geld zu verdienen ist sicherlich nicht deren erstes Ziel.

Diese Menschen tun zumeist einfach das, was ihnen Vergnügen bereitet und ihrem Leben einen Sinn gibt. Dafür wenden sie viel Zeit, Energie und vor allen Dingen Einfallsreichtum auf, so stellt sich der Erfolg fast von allein ein.

Oft sind die Erfolgreichen in sich ruhende Menschen. Sie durchdenken ihre Ideen gründlich und können daher in klar definierten Schritten vorgehen. In der Praxis ergänzen sich „stille und laute" Menschen zu Teams, die zu erstaunlichen Leistungen fähig sind.

Um Missverständnissen vorzubeugen: Selbstverständlich gibt es keine Garantien, auch wenn du noch so engagiert und beseelt von deinem eigenen Tun bist. Auch in erfüllter Arbeit gibt es Kampf, Frust und Auseinandersetzungen. Du kannst scheitern, möglicherweise auch ohne eigenes Zutun. Doch wird dir, als bewusst und aktiv agierendem Menschen, der „Zufall" immer wieder die eine oder andere Chance eröffnen.

Vor einiger Zeit war in einem Interview mit Harry Belafonte zu lesen, dass der damals 85-Jährige, aus ärmlichen Verhältnissen stammende, erfolgreiche Sänger und Kämpfer für soziale Gerechtigkeit, den Verlauf seines Lebens als ein Mysterium ansah.

So wie ihm geht es vielen erfolgreichen Menschen. In der Rückschau erscheint es ihnen, als hätte ihr Leben nicht anders verlaufen können. Vereint werden sie durch ein Staunen, wie sie auch die schweren Phasen ihres Lebens überstanden haben. Dazu gefragt, antworteten die meisten zufrieden: „Ich habe mein Leben wirklich gelebt, es war gut so!"

Es gibt sicherlich kaum etwas Schlimmeres für einen Menschen, als sich am Ende seines Lebens eingestehen zu müssen: „Ich hätte lieber ein anderes Leben geführt." Dafür ist es dann leider viel zu spät.

„LEBENsLANG" möchte dir einfache Wege aufzeigen, wie du für dich persönlich die Fragen des Lebens möglichst mit „Es war gut so!" beantworten kannst.

Beantworte folgende Frage:

57. Wie stehe ich zu mir und meinem Leben?

Jetzt fange ich an!

„Gib jedem Tag die Chance,
der Schönste deines
Lebens zu werden."

Mark Twain, Schriftsteller, 1835–1910

Du kannst weder Glück noch Erfolg erzwingen, sie aber durchaus dazu bringen, dir geradewegs in die Arme zu springen. Lehne dich zurück, schließe die Augen und besinne dich auf deine Stärken.

Welche Merksätze fallen dir dazu ein, die dein Leben ab sofort einfacher gestalten? Hier ein paar Vorschläge:

1. Ich konzentriere mich immer nur auf eine Sache.

2. Gefühlen der Angst begegne ich mit Entspannung.

3. Ich unterscheide Wichtiges von Dringendem!

4. Ich sorge jeden Tag für ausreichend Bewegung.

5. Ich handele im Hier und Jetzt.

Stelle nun deine eigenen Merksätze zusammen. Sie gehören dir allein und sind von nun an die Leitsätze deines täglichen Lebens!

Schreibe diese am besten auf ein DIN A4 Blatt, welches du an einem Ort platzierst, an dem du jeden Tag mehrfach vorbeikommst (Zimmertür, Kühlschrank, Pinnwand). Egal wo, du solltest sie nur jeden Tag aufmerksam lesen, damit diese im Laufe der Zeit automatisch in dein Denken und Handeln übergehen.

Nach kurzer Zeit wirst du etwas merken: Dein Leben verändert sich! Du erledigst deine Aufgaben nun schneller, behältst einfacher den Überblick und irgendwie geht alles leichter.

Nun betrachte den heutigen Tag vom Aufstehen bis zum Schlafen gehen in all' seinen Facetten.

Reserviere jeden Tag etwas Zeit für ein Treffen mit dir selbst! Trage dir im Terminkalender für dieses Treffen mindestens 30 Minuten ein, die nur für dich reserviert sind.

Um nicht abgelenkt zu werden, schalte in dieser Zeit dein Telefon, deinen Computer, das iPad oder Smartphone unbedingt ab – ja, es ist wirklich so ein Schalter dran. :-)

Du musst bestimmt nicht ständig erreichbar sein, oder?!!!

Vielleicht nutzt du diese Zeit, um etwas zu tun, was du schon immer mal tun wolltest, z. B. um dich zu entspannen, oder einen Ort zu besuchen, den du schon immer mal sehen wolltest. Stelle einfach alle deine Sinne auf Empfang und du wirst ungeahnte Dinge für dich entdecken.

Beginne jeden Tag mit positiven Gedanken – lächle dich im Spiegel an und denke dabei an die schönen Dinge des Lebens:

– führe positive Selbstgespräche

– genieße entspannende Bauchatmung

– profitiere von körperlicher Bewegung

– vermeide Selbstsabotage

– nutze tägliche Rituale und deine körpereigenen Drogen

– lebe nach deinen Leitsätzen

– umgib dich mit positiven Menschen.

Wenn du so lebst, hast du die allerbesten Voraussetzungen, ein glückliches und erfolgreiches Leben zu führen.

LESEN, IM GEIST VORSTELLEN, TUN

Das ist nun der Dreiklang für dein Leben und deinen Erfolg. Denk immer daran: Ohne TUN ist alles nichts. Verlasse bewusst deine Komfortzone!

Mach es doch einfach so:

*„Geh hinaus und wage
etwas Neues, sei ein
Individuum und suche dir
deinen eigenen Weg!"*

*Lynn Hill, amerik. Autorin, *1961*

Werde ein Lebenskünstler, ein Mensch, der schon vollkommen glücklich ist, wenn er nicht vollkommen unglücklich ist!

Eine gute Basis für Glück und Erfolg ist die Liebe zu allen Lebewesen und Dingen, die uns umgeben. Unser wachbewusster Verstand kann uns zwar sagen, was wir unterlassen sollen, aber nur unser Herz kann uns sagen, was wir tun müssen, um wahres Glück zu empfinden und echten Erfolg zu haben!

Fest steht: Liebe ist nicht irgendein, sondern wahrscheinlich das einzige Mittel auf Erden, um glücklich zu werden! (1)

„Ist das Leben nicht schön?" heißt die Tragikomödie mit James Stewart und Donna Reed aus dem Jahr 1946, die jedes Jahr zu Weihnachten ausgestrahlt wird. Dem ist nichts hinzuzufügen.

Es ist dein Leben, lebe es mit aller Liebe und Begeisterung derer du fähig bist – carpe diem – Nutze jeden Tag, und du wirst LEBENsLANG ... einfach glücklich zu sein!

Literaturhinweise und Quellennachweise:

zu (1) Frank Koschnitzke „Das 8x8 des Lebens" –
        Mach es EINFACH... – ISBN 3-9801263-5-8

zu (2) Internet, sparks & honey – 20 Jobs of the future

zu (3) Die WELT online vom 7.01.2013 – Die Zukunft der
        Menschheit wird fantastisch

zu (4) Internet youtube – Manfred Spitzer im Interview –
        Wir vermüllen die Gehirne ...

zu (5) Josef Zehentbauer Körpereigene Drogen – Artemis
        & Winkler Verlag – ISBN 3-7608-1935-4

zu (6) Forschungsmeldung der Max-Planck-Gesellschaft
        vom 7. Dezember 2013

zu (7) SPIEGEL Online vom 8. März 2012: Forscher warnen vor Millionen Scheinpatienten

zu (8) Mihaly Csikszentmihalyi Flow - Das Geheimnis des Glücks – Klett-Cotta – ISBN 3-608-95783-9

zu (9) Michael Hilgert – FYB-ACADEMY „Wege aus der Stress-Falle!"

zu (10) Michael May – Der Monty-Python-Faktor, Open PR

zu (11) SPIEGEL Online „Von Schweinen und Ingenieuren"

zu (12) Gregor Staub mega memory® – Gedächtnistrainer aus der Schweiz

zu (13) Karl Jaspers – Die großen Philosophen, Serie Piper, ISBN 3-492-11002-9

zu (14) Rupert Lay – Philosophie für Manager, ECON
Verlag GmbH, ISBN 3-430-15914-8

zu (15) W.Lange-Eichbaum/W.Kurth – Genie, Irrsinn und
Ruhm, Ernst Reinhardt Verlag
ISBN 3-933366-60-7

zu (16) Internet – Herbert Stöberl –
Erfolgreich mit Autosuggestion

zu (17) Erfolgstrainer Arthur Lassen †2000 – aus dem
Buch – „Heute ist mein bester Tag"

zu (18) Psychologie heute, August 1993, Seite 20 –
Selbstsabotage. Fünf Strategien,
sich selbst zu besiegen

zu (19) Hans Eberspächer – Gut sein, wenn's drauf ankommt – Von Topleistern lernen, Hanser Verlag

zu (20) Internet – bild der wissenschaft vom 1.11.2000 –
Singles sterben früher

Michael May

Publikationen

Mitautor des Fachbuchs
„Finanzkommunikation – Chancen durch Kreditmediation"
Bank-Verlag, Köln, ISBN 978-3-86556-262-3

Mitautor des Fachbuchs
"Kommunalrating – Finanzierung in Städten und Gemeinden sichern"
Bank-Verlag, Köln, ISBN 978-3-86556-353-8

Weitere Veröffentlichungen: Kredit & Rating Praxis, Glocalist, faktor-magazin u.a

Qualifikationen

Dipl.-Bankbetriebswirt

Kreditmediator

Strategieberater

Lifecoach

Erfolgsautor

Internet

www.mayconsult.org

www.lebenslang.shop

Frank Koschnitzke (Koschi der Mutmacher)

Publikationen

Erfolgsautor
Das 8x8 des Lebens
Mach es EINFACH – und dann – MACH ES einfach!
TILMAN RIEMENSCHNEIDER VERLAG – ISBN 3-9801263-5-8

Qualifikationen

Lizensierter Trainer LET für „Heute ist mein bester Tag"

Cora Coach – Entspannungstrainer

MUTMACHER mega memory® Gedächtnistrainer

FYB-ACADEMY-Lizenztrainer für „Wege aus der STRESSFALLE!"

Managementberater

Mentalcoach

Erlebnis-Gastronom

Internet

www.koschi.de

www.mutmacher.info

www.die-kleine-kapelle.de

www.einfach-www.de

www.werbeziel24.de

www.lebenslang.shop